中央高校基本科研业务费专项资金资助
2009年度青年学者文库出版基金资助

U0772845

汉语儿童词素意识的发展

郝美玲／著

北京语言大学出版社
BEIJING LANGUAGE AND CULTURE
UNIVERSITY PRESS

© 2015 北京语言大学出版社，社图号 15082

图书在版编目（CIP）数据

汉语儿童词素意识的发展 / 郝美玲著 . —— 北京：
北京语言大学出版社，2015.5
ISBN 978-7-5619-4183-6

Ⅰ.①汉…　Ⅱ.①郝…　Ⅲ.①汉语－儿童语言－词素
－研究　Ⅳ.① H193.1

中国版本图书馆 CIP 数据核字（2015）第 113640 号

汉语儿童词素意识的发展
HANYU ERTONG CISU YISHI DE FAZHAN

排版制作：北京创艺涵文化发展有限公司
责任印制：姜正周

出版发行：北京语言大学出版社
社　　址：北京市海淀区学院路 15 号，100083
网　　址：www.blcup.com
电子信箱：service@blcup.com
电　　话：编辑部　　　8610-82303647/3592/3395
　　　　　国内发行　　8610-82303650/3591/3648
　　　　　海外发行　　8610-82303365/3080/3668
　　　　　北语书店　　8610-82303653
　　　　　网购咨询　　8610-82303908
印　　刷：北京京华虎彩印刷有限公司

版　　次：2015 年 5 月第 1 版
印　　次：2015 年 5 月第 1 次印刷
开　　本：710 毫米 ×1000 毫米　1/16　　　印　张：11.75
字　　数：192 千字
定　　价：36.00 元

PRINTED IN CHINA

前　言

在儿童语言和读写能力发展过程中，词汇知识都起着非常重要的作用。词汇量的多寡、词汇知识的丰富程度，不仅对儿童当前的语言和读写能力的发展起着重要作用，而且还可以预测随后几年读写能力的发展状况。入学时词汇知识丰富的儿童，读写能力的发展也比较好；入学时词汇知识之间存在差异的儿童，其读写能力之间的差异会随着年级的升高而不断增大。因此，在幼儿园和小学低年级，要有意识地增强儿童词汇知识的积累。

词汇知识的获得与积累，一方面得益于课堂内外大量丰富的语言输入；另一方面，有赖于儿童元语言学意识的发展。元语言学意识即儿童对所学习语言的结构规律的认识与操纵的能力。与语言不同层级的结构单位相对应，元语言学意识也包括语音意识、词素意识、正字法意识等不同方面。其中，词素意识指的就是儿童对词汇的结构的认识与操纵的能力，比如儿童能够意识到"教室"和"卧室"这两个词语中有一个共同的成分"室"，它的意思是房间或者屋子，"教室"就是教学活动所发生的房间，"卧室"是睡觉的房间。甚至给儿童一个生词"画室"，儿童也能够猜出来是用于画画儿的房间。词素意识发展比较好的儿童，能够利用词素和构词规则推测在阅读和日常生活中所见到的生词的词义，从而进一步扩大词汇量。

在国际上，词素意识受到越来越多研究者的关注，以英语为首的印欧语言中有关词素意识的研究成果丰硕，已经得出一些一般性的结论。但是由于汉语的词汇结构与印欧语言的词汇结构存在很大的差异，印欧语构词以派生和屈折为主，而汉语却是以复合为主。国外儿童词素意识发展的研究成果无法直接应用于汉语词素意识上，我们需要通过大量的实验研究来对汉语儿童词素意识的发展规律与特点进行多方面的考察。

《汉语儿童词素意识的发展》这本书，在充分借鉴国内外有关词素表征与加工的理论与实验研究，以及儿童词素意识发生发展的最新研究成果的基础上，对汉语学前儿童和小学低年级儿童词素意识的不同方面、每个方面的发展轨迹，以及词素意识的发展与儿童语言与阅读发展的关系进行了详尽的实验探索与论证，并为如何促进汉语儿童词素意识的发展提出了一点建议。

本书共包括七章，可以综合为三个部分。第一部分（包括第1章、第2章和第3章）为研究背景综述，首先简要概括了进行汉语儿童词素意识研究的重要性与必要性，然后界定了心理语言学视野下与词素相关的一些术语以及汉语词素的特点，并对成人词素表征与加工的理论与相关研究、儿童词素意识的分类与发展研究进行了梳理。第二部分为实验研究，其中第4章分别用儿童不熟悉的不透明词（例如"木鱼"）和语义透明的假词（例如"鸡车"）考察了汉语学前儿童词素分解组合能力的发展。考察发现，学前儿童词素分解组合能力随年龄增长而发展，在学前已经得到充分的发展。当儿童不能对词素进行组合时，也会选择复合词的第二个词素，表现出语义重心意识。第5章用词素异同判断的方法系统考察了学前儿童与上学后儿童词素识别能力的发展以及影响儿童词素识别的一些因素。结果发现，儿童词素的分解与识别经过一个从整词向词素过渡的阶段。整词之间语义联系的紧密程度、词素的类型、词素的获得顺序等因素都会对词素的识别产生影响。不过，这些因素在不同阶段所起的作用是不同的。概括来说，学前儿童主要依赖整词之间的语义联系来识别词素，而上学后儿童更多依赖词素意义进行识别，因此词素类型、获得顺序等词素自身的特征起的作用更大。第6章考察了词素意识与词汇量、阅读发展的关系。结果发现，学前儿童的词素分解组合能力对词汇量发展有显著贡献，而词素识别能力则对听力理解成绩有显著贡献。反过来，词汇量对分解组合能力和词素识别能力都有贡献，表明儿童发展词素意识需要一定的词汇量作为基础。上学后儿童的词素识别能力对词汇量和阅读的发展均有显著贡献。第三部分（第7章）在上述实验研究的基础上，深入讨论并总结了汉语儿童词素意识发展的不同方面、发展过程与阶段、影响因素以及与儿童语言与阅读发展的关系。

　　本书适合心理语言学专业、语言学及应用语言学专业的研究生和教师，以及对儿童语言获得感兴趣的幼儿教师使用，可以帮助他们了解词素意识的研究进展、汉语儿童词素意识的发展方面与特点等知识，还可以为设计合理有效的、有助于提高汉语儿童词素意识与词汇发展的语言游戏、训练方案等提供有价值的参考。

目　　录

第1章　绪论 ……………………………………………… 1

　　一、研究缘起 ………………………………………… 1

　　二、关键概念界定 …………………………………… 4

　　三、汉语词素的特点 ………………………………… 8

第2章　复合词表征与加工的理论及其相关研究 ……… 10

　　一、词素表征与加工的理论模型 …………………… 10

　　二、词素分解现象存在的实验证据 ………………… 16

　　三、汉语复合词表征与加工的研究 ………………… 25

第3章　儿童词素意识的发展 …………………………… 35

　　一、词素意识的概念 ………………………………… 35

　　二、儿童词素意识的发展 …………………………… 38

　　三、词素意识与词汇量发展的关系 ………………… 49

　　四、词素意识对读写能力发展的影响 ……………… 51

第4章　汉语儿童复合词词素意识的发展 ……………… 59

　　一、汉语儿童复合词意识发展研究现状 …………… 59

　　二、汉语儿童词素分解组合能力的发展（实验一）… 63

　　三、汉语儿童语义重心意识的发展（实验二）……… 70

第5章　汉语儿童词素识别能力的发展 ………………… 80

　　一、汉语儿童词素识别能力的研究现状 …………… 80

二、整词语义联系对词素识别能力发展的影响

　　（实验三）·· 83

三、词素类型对词素识别能力发展的影响（实验四）········ 90

四、词素类型对上学后儿童词素识别能力发展的影响

　　（实验五）·· 97

五、词素获得顺序对词素识别能力发展的影响

　　（实验六）·· 102

第 6 章　汉语儿童词素意识与词汇量、阅读发展的关系 ············· 108

一、学前儿童词素意识与词汇量发展之间的关系 ········· 109

二、上学后儿童词素意识与词汇量发展的关系 ············· 114

三、学前儿童词素意识与听觉理解成绩的关系 ············· 118

四、上学后儿童词素意识与阅读理解成绩的关系 ··········· 121

五、复合词词素意识与小学低年级儿童汉字

　　识别的关系 ··· 123

第 7 章　汉语儿童词素意识的发展及其与词汇量、

阅读发展的关系 ··· 129

一、实验结果简单回顾 ································· 129

二、汉语儿童词素意识的发展 ··························· 131

三、词素意识发展的影响因素 ··························· 138

四、词素意识与词汇量、阅读发展的关系 ················· 144

五、有待于进一步研究的问题 ··························· 150

六、结论 ··· 152

参考文献 ··· 154

附录 ··· 169

后记 ··· 178

第1章
绪　论

一、研究缘起

本文的主要目的是系统考察汉语儿童词素意识的发展过程，及其对词汇量、读写能力发展的贡献。选择这一研究课题，主要基于以下几方面的考虑：

第一，我们在日常生活中经常能碰到这样的事，遇到以前从未见过的一个词，但是却可以轻而易举地说出它的意思来。比如我们看到或听到"斑牛"，会把它想象成"一种身上有斑纹的牛"。这是因为我们具备一种能力，即可以根据已有的词汇知识及构词规则推测出生词的含义来。构成"斑牛"的两个词素"斑"和"牛"都是我们所熟悉的，而且根据我们对汉语词汇的认识，我们倾向于认为二者是修饰限制与被修饰限制的关系。有了这些知识，我们就不难推测出"斑牛"就是"一种身上长着斑纹的牛"。从心理语言学的角度来看，这是一种非常有意思的语言加工现象。我们在看到不熟悉的词语时，会根据所选择的两个词素之间的语义关系而做出不同的解释（Coolen，van Jaarsveld，& Schreuder，1991）。例如"鸡车"可以是"拉鸡的车"，可以是"做成鸡的形状的车（玩具）"，也可以是"车身绘有鸡的图案的车"。我们之所以能对陌生复合词做出诸如此类的语义解释，是因为我们具备词素的知识，以及支配词素构词的规则、词素之间组合的语义关系的知识。而语言习得研究者感兴趣的问题则在于儿童是如何获得类似于成人的语言知识和语言能力的。

第二，研究儿童词素的获得还可以为词素在心理词典中是否具有表征提供直接的证据。从心理语言学的角度看，每个人大脑中都有一部心理词典，存储着我们所掌握的全部词语及其相关知识。我们之所以能够正确推测出生僻复合词的词义，是因为我们的心理词典中不仅仅存储着一个个词语，还存储着构成这些词语的最小的意义单位——词素及构词规则，类似于词典和字典。为了更好地理解儿童词素的获得和词素意识的发展，我们将专辟一个章节简要介绍词素在心理词典中的表征与加工的相关研究。由于汉语的构词方式主要是复合，我们主要介绍国际上有关复合词加工的一些研究。虽然目前的研究基本上承认成人的心理词典中既包含词语的表征，又包含词素的表征，但是我们的心理词典究竟是以词为单位组织的还是以词素为单位组织的？或者哪些词是以整词的形式存储的？哪些词是以词素的形式存储的？这些问题还未得到一致的结论。其中一个主要原因是成人语言加工自动化程度很高，在现有的实验条件下[1]难以精确探测到词素的表征与加工，导致在不同任务下，用不同类型的多词素词做材料所得的结论并不一致。如果能从儿童语言发展过程中词素获得的角度进行研究，同样可以为词素在心理词典中是否有表征，以及表征的方式等问题提供一定的证据。

第三，语言发展对人类的发展具有独特的影响，可以强有力地影响着个体认知能力和社会交际能力的发展，因此，语言习得是语言学、心理学等研究领域中非常重要的一个课题。词汇是语言的建筑材料，没有一定量的词汇及其知识，任何语言的产生和理解都不可能发生，因此，词汇知识的发展是语言获得最基本的前提。除此之外，研究者还发现词汇的积累与阅读能力的获得也存在密切的联系（Anderson & Freebody，1981；Beck，McKeown，& Omanson，1987；Nagy & Anderson，1984；Nagy & Herman，1987），而阅读能力是儿童在学校期间学业成功的重要影响因素（Miller，1988；Stanovich，1986）。因此，致力于儿童语言与阅读发展的研究者需要仔细考察儿童词汇知识是如何增长的。儿童词汇增长的速度是非常惊人的，一些研究者对英语儿童词汇发展的轨

---

① 主要指的是反应时技术。虽然最近几年脑电与脑成像技术得到了空前的发展，不过涉及词素研究的还非常有限。

迹进行了详细的调查，发现在小学阶段儿童平均每年能够学会几千词（Anglin，1993；Miller，1991；Nagy & Anderson，1984）。如果儿童一个一个地学习遇到的每个生词，而不是利用词语与词语之间的联系来学习，还会有如此惊人的词汇增长速度吗？答案是否定的。那么儿童在词汇发展的过程中，究竟依赖哪些学词技巧或认知技能呢？

有关英语儿童词汇增长的研究发现，儿童词汇量的迅速增长得益于词汇意识的发生与发展。所谓词素意识，指的是儿童对词语内在的词素结构的意识以及反思与操纵这种结构的能力（Carlisle，1995）。随着儿童词汇量的逐渐增加，词汇内部的语音与意义之间的对应关系逐渐被认识，即"词素"这一语言中最小的音义结合体慢慢被儿童掌握，有关词素及词素间组合方式的词素意识就逐渐发展起来了。而实际上，词素意识与词汇发展之间是一种相辅相成的关系。儿童一旦具备了词素意识，也就是说掌握了一定的构词词素，对构词方式也有了一定认识，就可以利用这些知识来学习新词。研究表明，对词语的构成词素与构词规则进行分析是儿童课外学习生词的一个主要途径（Anglin，1993）。研究者把这一过程称为词素分析或分解（morphological analysis or composition）、词素问题解决（morphological problem solving），也就是本文将要讨论的其中一种词素意识。

词素意识不仅与词汇量的发展存在着密切的关系，还能促进儿童读写能力的发展，尤其是小学高年级儿童读写能力的发展（Kuo & Anderson，2006）。尽管如此，词素意识还未受到研究者和教育工作者的普遍重视。Mann（2000）做过一个统计：如果用关键词"语音与阅读（phonology and reading）"进行检索，可以搜索到大约1000篇研究论文，用"语音与阅读能力（phonology and reading ability）"进行检索，可以找到350多篇研究论文；而如果以"词素（或形态）与阅读（morphology and reading）"为关键词进行检索，仅找到150篇论文，以"词素（或形态）与阅读能力（morphology and reading ability）"为关键词进行检索，找到的论文只有32篇。而有关儿童词素意识发展轨迹的研究更是少之又少。

第四，汉语构词方式的独特性。汉语的主要构词方式是复合，而印欧语言的构词方式主要以屈折和派生为主。也因此，目前关于词素的研究主要集中在屈折词和派生词上，对复合词的存储及加工以及复合词词素意识的研究很少。那么，从屈折词和派生词研究中得出的结论是否能够推广到复合词，还需要更多的实验研究加以证明。而且复合不是简单地把两个词素组合在一起，词素之间的组合方式、词素之间的语义关系，以及词素意义与整词意义之间的关系等都使得复合词显示出与派生词和屈折词不同的特点，因此对复合词的研究有助于了解语言及词素加工或发展的共性与个性。

为了对词素有一个更好的理解，我们先简要介绍一下词素的概念。

二、关键概念界定

2.1　词素的内涵

词素（morpheme）是语言中最小的语音和语义的结合体。在汉语中，"morpheme"有两个常用的译名，一个是"词素"，一个是"语素"。语言学界对这两个译名内涵的认识略有分歧，我们在此罗列一些有代表性的观点。

陆志韦（1956、1957）使用的是"词素"这一概念。他指出："汉语的词不那么容易提选，最方便、也是最合理的办法是把凡是有意义的音节先都当作词素。其中有能独立的，当它独立的时候，词素等于词。当它在语言片段里不能自由运用的时候，'词素＋词素'才是词。"张寿康（1957）对词素的理解与陆志韦类似，即不仅指作为词的构成成分的语言单位，而且也包括可以单独成词的语言单位。他认为："从构词法的角度看，词是由词素构成的，比如'语言'是'语'和'言'两个词素构成的，'喷'是一个词素构成的，'人民'是'人'和'民'两个词素构成的。所以从构词法的角度说，词是'由词素构成的最小的语言单位'。"

朱德熙（1961）主张用"语素"："我们把'morpheme'译为'语素'。流行的译名是'词素'。'Morpheme'有两种含义：或指词内部的有意义的组成成分（词根、词头、词尾等等），或指最小的、有意义的语言单位。就前一种含义说，译作'词素'是合适的，就后一种含义说，译作'词素'会让人感到先有词，从词里头再分析出'词素'来。本文所谓'语素'，指后一种意义上的'morpheme'。"

吕叔湘（1958）阐述了与朱德熙先生相同的看法："用'语素'做'morpheme'的译名，是朱德熙先生的建议。……事实上，语素是比词更加基本的东西。在好些语言里，也许是多数语言里，要决定一个语言片段里边有多少个词相当困难，而把这个片段直接分析成语素倒比较容易，并且不用'词'这个概念也能把这个语言的结构说清楚。"吕叔湘（1979）进一步重申了上述观点："语素可以定义为'最小的语音语义结合体'。也可以拿'词素'做最小的单位，只包括不能单独成为词的语素。比较起来，用语素好些，因为语素的划分可以先于词的划分，词素的划分必得后于词的划分，而汉语的词的划分是问题比较多的。"

概括起来，汉语语言学家认为"词素"反映的是把"morpheme"作为最小的构词单位，"语素"反映的是把"morpheme"作为最小的语法单位。吕叔湘（1979）就是从语法的角度来看待语素的，他认为"最小的语法单位是语素"。词素是对词进行分析后得到的最小的意义单位。

也有研究者认为"词素"和"语素"应该并存。例如，周国光（2004）认为："从构词的角度来看，'词素'这一术语还是应该有其地位的。'语素'并不能完全取代'词素'。例如，在'大学生'这个词里有三个语素，但是这三个语素并不是一次组合为'大学生'这个词的，而是'大'和'学'先组合为'大学'，然后'大学'再和'生'组合为'大学生'。……显然，'大学'不是语素，因为它不是最小的音义结合体。……'大学生'中的'大学'正是词素这样的词汇单位。"

正如我们在前文所说的，本文所考察的是词素意识的发展，即儿童通过一定量的词汇积累，逐步发现词语的内部结构以及不同词语中所包含的相同词素的能力，也就是说能够洞察到词的构成单位及组合规律，从这个角度看，我们认为本文采用"词素"这一名称更贴切。

2.2 词素的类型

我们首先介绍印欧语言中词素的分类，由于本研究是在心理语言学的框架下进行的，因此所参考的印欧语言中词素的分类，主要来源于心理语言学家的文献，而非语言学家的文献。这部分内容还包括一些国际文献中常看到的术语，但是在汉语中很少有合适的对译词，由于在综述或引用这些文献时会提及，我们在此一并提出，并附上汉语翻译和简要的解释说明。

词素按照所表示的意义性质的不同以及在词的结构内部所起作用的不同，可分为词根（stem 或 root）和词缀（affix）。附着在词根前面的词缀叫前缀（prefix），附着在词根后面的词缀叫后缀（suffix）。屈折词是词根与屈折词缀（inflectional affix）组合而成的，派生词是词根与派生词缀（derivational affix）组合而成的，而复合词则是两个或两个以上词根组合而成的。

屈折词缀指的是附着在词根后面系统表明某种语法特性的词缀。例如表示复数概念的 -s，表示时态的 -ed，-ing 等。派生词缀指的是附着在词根的前面、后面或者中间（主要是阿拉伯语和希伯来语）以形成新词的词缀。例如，后缀 -er 附着在动词 write 后面，就形成了名词 writer。派生词素不仅改变词根的词性，也会改变词根的词义。与屈折词素相比，派生词素的能产性较差，而且其分布受到一定的限制，也就是说它对附着的词根有一定的选择性。例如，-able 只能附着在动词后面形成一个形容词，而不能附着在名词后面。在下文的介绍中我们可以看到，正是由于派生词素在构词时受到诸多限制，因此其获得时间远比屈折词素的获得时间晚。

根据能否独立成词，词素还可以分为自由词素（free morpheme）和黏着词素（bound morpheme）。自由词素不仅能够独立成词，也可以与其他构词词素组合成更复杂的词。例如，英语中的 book 就是一个自由词素，它可以直接出现在句子中，例如，I have a book。也可以跟其他词素组合成新词，例如 bookstore（书店）。英语中 receive 的两个构词词素 re- 和 -ceive 都是黏着词素，它们不能单独在句中出现，只能与其他词素组合成词。

2.3　从词素角度对词汇进行分类

如果根据词素来定义或划分英语中的词，主要可以分为以下几类：

词根词（root words），即由单个的自由词素（free morpheme）构成的词。例如 cat，flop。

屈折词（inflected words），通常由一个自由词素和一个屈折后缀（inflectional suffix）构成。屈折后缀通常不改变词根的词性或语义，但是会改变词根的时态（tense）、体（aspect）、人称（person）、数（number）、性（gender）、格（case）等。在词素加工的相关研究中，有关屈折词的研究较多的是研究动词的时态，例如考察规则动词与不规则动词的表征与加工方式是否相同（Pinker & Ullman，2002）。

派生词（derived words），即由一个词根和一个或一个以上派生词缀（derivational affixes）构成的词。例如 happiness，teacher 等。其中的词根，通常是词根词或自由词素，例如 teacher 中的 teach，有时也可以是黏着词素，例如 quantity 中的 quant-。在英语中，派生词缀可以是前缀（prefix）也可以是后缀（suffix），后缀常常会改变词根的词性，例如形容词 happy 后接派生后缀 -ness 后，变成名词 happiness。

复合词（compounds），是由两个或两个以上自由词素或词语构成的词，例如 blackboard，football，overbook 等。而汉语中的词根可以是自由词素（free morpheme）也可以是黏着词素（bound morpheme）。构成复合词的词可能是词根词，例如 milk cow；也可能是派生词或屈折词，例如 taxpayer。有研究者（Makkai，1972）根据构词词素与整词之间的语义关系把复合词分为两类：透明复合词（transparent compounds）与不透明复合词（opaque compounds）。透明复合词的词义能够根据构词词素的意义推测出来，例如 snowman（雪人）表示用雪堆成的人；而不透明复合词的词义与构词词素的意义没有任何联系，例如，英语中 pink lady 指的是一种鸡尾酒，与构词词素 pink（粉红色）和 lady（女士）的词义没有任何关系。

还有研究者把复合词分为向心复合词（endocentric compounds）和离心复合词（exocentric compounds）。前者如 birthday，milk cow，它们的词义是中心名词（head noun）所代表的语义范畴中的一个小类，英语和汉语的中心名词通常都落在第二个词素上，birthday（生日）就是 day（天／日）的一个小类，milk cow（奶牛）就是 cow（牛）的一个小类。离心复合词则没有中心名词，整词也不是中心名词的亚类，例如 pickpocket 指的是"扒手"，而不是一种 pocket（口袋）。

根据构词词素的数量或复杂性，词语又可以分为单词素词（monomorphemic word）、双词素词（bimorphemic word）和多词素词（multimorphemic word）。顾名思义，单词素词是只有一个词素的词语，例如"牛"（cow）。双词素词是由两个词素构成的词，例如"奶牛"（milk cow）。对派生词和屈折词来说，它是由一个词根和一个词缀组合而成的词，例如 stillness，books，rewrite。对复合词来说，它是由两个词根或两个词组合而成的，例如 blackboard，cardinal flower。多词素词是由两个以上词素构成的词。对派生词来说，它是由一个词根和两个或两个以上词缀构成的，例如 incomparable，hopelessness。对于复合词来说，它是由两个以上词根构成的，例如 whole wheat flour，get-rich-quick，Northwest Coast Indian，英语中的复合词有时是由两个词构成，其中包括派生词和屈折词，例如 western saddle，bare-eyed cockatoo，exhaust-gasanalyzer。双词素词和多词素词被统称为词素复杂词（morphologically complex words）。

三、汉语词素的特点

无论是研究成人词素的表征与加工，还是研究儿童词素意识的发展，都要充分考虑所要研究的语言其词素系统方面的特点。因为词素的特点会影响成人心理词典中多词素词的表征与加工，同时也会影响到儿童词素的获得、词素意识的发展。例如，芬兰语是一种屈折程度非常高的语言，因此说芬兰语的儿童两岁多就开始发展有关屈折词素的意识（Lyytinen，1987），而英语虽然也有比较丰富的屈折词素，但是远没有芬兰语那么发达，因此英语儿童 4 岁左右屈折词素的意识才开始发展（Berko，1958）。本书主要考察汉语儿童词素意识的发展，因此，我们首先简要概括一下汉语词素的特点：

1. 汉语大部分词都是复合词，由两个到多个词素组成。根据北京语言学院（1986）的统计，汉语复合词的总量占所有词汇的70%之多。而且词素构词的时候，词义基本上不发生变化（苑春法、黄昌宁，1998），说明汉语词语的可分析性程度较高。

2. 复合词内部有多种不同的结构方式，汉语语言学家把汉语复合词分成以下几种类型：联合、偏正、动宾、动补和主谓（黄伯荣、廖序东，1997）。其中偏正结构的占大多数，定中结构的偏正词占名词的80.6%，状中结构的偏正词占动词的23.3%（苑春法、黄昌宁，1998）。

3. 存在大量同音词素和同形词素。词素在口语中对应一个音节，但是汉语只有1300多个音节，而常用词素却有5000多个，造成汉语中存在很多同音词素。据汤云航（1995）的统计，汉语只有35%的音节是一音一字，一个音节承担一个字所代表的意义，其余音节负担沉重，一个音节承担两个以上字所代表的意义。音节与词素相对应，这就意味着汉语存在大量的同音词素。

4. 虽然存在一些黏着词素，但很多自由词素同时充当着单字词的作用。常用汉字中约有49%可以作为单字词在句中自由使用（尹斌庸，1984）。

汉语词素的主要特点可以概括为词根之间存在多种组合关系、自由词素和黏着词素数量相当、存在大量的同音词素。汉语的这三个显著特征决定了汉语词素的存储与表征显示出与拼音文字语言的不同之处。

第 2 章

复合词表征与加工的理论及其相关研究

心理语言学有关语言习得研究的主要目的是考察学习者（包括儿童习得母语或学习者习得第二语言）是如何习得所要学习的语言的。判断是否习得，首先要以母语者的语言能力为参照，考察学习者对某一语言项目是如何从无到有，然后处于不断发展中，最后接近或达到母语者水平的。本文有关儿童词素意识发生与发展的研究，也采用这样的研究思路：考察汉语幼儿园和小学低年级儿童在语言发展的过程中，如何从所掌握的词语中分离出词素这一最小的意义单位，并根据熟悉词素的意义来推测不熟悉生词的词义的。为了更清楚地认识这些问题，我们首先需要了解心理语言学关于构词词素在成人复合词表征与加工中的作用及其时间进程，以及影响复合词构词词素的表征与通达的因素等问题。

当前心理语言学界对多词素词的表征与加工尚存争议，争论主要围绕以下几个方面展开：第一，表征的性质，即心理词典的基本表征单元是词素还是整词？还是二者并存？第二，如果词素信息在心理词典中有表征，那么它与整词是处于同一层还是分属不同的表征层次？第三，在词语加工的时间进程中，词素表征何时开始起作用？下文我们主要围绕着这三个方面展开论述。

一、词素表征与加工的理论模型

心理语言学界对多词素词的研究主要集中在词素信息在心理词典中有无表征，词素信息是否被用于词汇加工过程中。自 20 世纪六七十年代提出至今，虽然有研究者一直试图寻找这些问题的答案，但是，时至今日，并未得到一致的结论（Frost，Grainger，& Rastle，2005）。在探讨这些问题的过程中，研究者先后提出不同的理论模型，这些模型在复合词表征的性质以及词素信息激活的时间进程等问题上存在分歧。

1.1 整词罗列模型

该模型认为心理词典中存储的都是整词，没有任何词素的信息。与此相对应，多词素词也是以整词为单位加工的，并不分解为词素，因为词素分解常常出错，因而没有整词加工有效（Butterworth，1983；Henderson，1985；Monsell，1985）。随着词素研究的深入，尤其是越来越多的实验研究发现词素的某些特点确实会影响多词素词的加工，因此持整词加工观点的研究者越来越少。整词罗列观点还有一个比较大的问题在于它无法解释为什么人能够理解和产出完全陌生的复杂词。

1.2 词汇分解模型与交互激活模型

词汇分解模型走向另一个极端，认为词典中存储的都是词素，没有整词的信息。有代表性的模型是词缀剥离模型（Taft，1988；Taft & Forster，1975、1976）。该模型认为，识别一个多词素词的时候，词缀会自动剥离掉，通过词根在词典中进行搜索。由同一词根组成的词在词典中按频率的高低来排列。就复合词来说，Taft & Forster（1976）提出，复合词的首词素为主要的通达代码，尾词素为附属的通达代码。

后来 Taft（1994）在总结词缀剥离模型的理论问题及实验缺陷的基础上提出了交互激活模型。该模型提出，词语的不同成分表征于不同的层次，最底层的表征是字素层，往上是词素层，最上端是整词层。在词语加工过程中，这些不同层次的表征均被激活，激活从字素开始一直向上传递，直到概念层。同时，高层的激活向下反馈，增加低水平单元的激活强度，从而进一步加强了正确选项的激活。该模型最显著的特点是在字素层与整词层之间增加了一个黏着词素层，解决了同形异义词素以及黏着词素的表征问题，更适合解释汉语、日语等语言的复合词加工的结果（Shimomura，1999；Taft & Zhu，1995）。

另外一些基于词素通达的模型还有 Libbern，Derwing，& Almeida（1999）和 Fiorentino & Poeppel（2007）。在此不一一展开讨论。

1.3　混合模型（Hybrid Model）

1.3.1　Augmented Addressed Morphology 模型（简称 AAM 模型）

介于整词罗列模型和词缀剥离模型这两种极端观点之间的还有混合模型，它们强调词素分解是有条件的，也就是说有些词会分解，有些词则不会。根据词缀剥离模型，如果一个假词包含假词缀，就不会发生词缀剥离的加工。可是事实并非如此，Caramazza，Laudanna，& Romani（1988)以意大利语屈折动词为材料，比较了以下四种假词或非词的词汇判断时间："真词根＋不合适的真词缀""真词根＋假词缀""假词根＋真词缀"以及不可分解的非词。结果发现，被试拒绝由真词根与真词缀结合起来的假词的反应时最长，而拒绝由假词根与真词缀组合而成的非词的反应时最短。根据前缀剥离模型，"真词根＋假词缀"应该与不可分解的非词反应时差不多，因为这两种词都没有真正的词缀来促使分解。该结果表明词缀剥离模型还不够全面，并不能完全反映多词素词加工的全貌。在这样的背景下，Caramazza 等人综合了分解模型与整词罗列模型的观点，提出了较为折中的 Augmented Addressed Morphology 模型（简称 AAM 模型）。模型强调词典加工存在两条通路，熟悉的词是通过整词通路加工的，而不熟悉的词是通过分解通路（没有整词表征或整词通路失败了）来加工的；屈折词和派生词存在类似的表征与加工。

AAM 模型与分解模型同样的不足之处是将屈折词的研究结果类推到派生词。就心理语言学的研究来说，加工与表征是分不开的，但是 AAM 模型并未对多词素词的表征做出什么假设，更多的是讨论了多词素词的加工。在 AAM 模型提出后，许多研究者都致力于探讨词素的哪些特征决定了分解通路起作用。例如，Marslen-Wilson，Tyler，Waksler，& Older（1994）采取词汇判断与跨通道启动相结合的方法，设计了一系列实验来考察导致派生词分解的因素。结果发现，多词素词确实可以通过词素来通达，但熟悉性并不是运用分解通路的唯一决定性因素，派生词的语义透明度也是非常重要的因素。

▌1.3.2　Morphological Race Model（简称 MRM 模型）

在吸收相关研究成果的基础上，Schreuder 与 Baayen（1995）提出另一个混合模型，即词素竞赛模型（Morphological Race Model，简称 MRM）。该模型认为多词素词在心理词典中有三层表征，即通道特异的通达表征（modality-specific access representation）、不依赖于通道的词条（lemmas）表征和相对应的句法语义信息的表征。该模型认为，所有的词素都有 lemma 和通达表征，所有的整词也都有 lemma，但是只有熟悉的整词才有通达表征。对于整词通路，两个层次（通达表征与lemma）都被激活的时间取决于整词的频率；对于词素通路，两个层次均被激活的时间取决于词根频率。如果词汇判断通过词素通路完成，词素通路还需要在检查构词词素的可结合性后再重新组合，检验过程需要激活相应的句法和语义特征（Baayen，Dijkstra，& Schreuder，1997）。根据 MRM 模型，多词素词的加工存在两条通路——词素通路和整词通路，两条通路同时进行，加工速度最快的那条更为常用。一般情况下，整词通路更快一些，因为它不需要检查或组合词素这一步额外的加工。但是也存在一系列因素可能会对两条通路的相对有效性进行调整，从而使得词素通路在某些情况下反而更为有效，这些因素包括词根频率和整词频率、词素能产性、语义透明度、语音正字法是否中性（neutrality）等（Baayen et al.，1997；Schreuder & Baayen，1995、1997）。

1.4　联结主义模型

传统理论认为，词素就像穿在线上的珠子一样，是一个个离散的单元。复杂词由离散的词素单元组成，词素在我们的记忆系统中具有表征，并用于词语的加工。而联结主义理论则认为，词素并非离散的单元，而是在学习词语的表层形式（语音、正字法）与意义（语义）之间映射的过程中浮现出来（Cottrell & Plunkett，1995；Gonnerman，Seidenberg，& Anderson，2007；Plaut & Gonnerman，2000；Rueckl，Mikolinski，Raveh，Miner，& Mars，1997；Rueckl & Raveh，1999；Seidenberg & Gonnerman，2000）。词语在词典中不是以单个的离散的单元存储的，而是在简单的、类似于神经元的加工单元中分布表征的，这些加工单元同时对词的正字法、语音和语义进行编码。当一个特定的表层模式出现在许多词中（例如，book—books，bookstore，bookstall），并且映射到同一个意义的时候（都与"书"有关），网络的内部表征就会反映出这种结构，并且以分析的方式对待这种模式（可能抽象出"书"的形式与意义）。联结主义理论并未严格区分单词素词与多词素词，而是把所有词语看作是从完全可以进行词素分解到单词素词构成的连续体，词素结构的启动效应可以从词语之间语义和语音重叠的程度预测出来，因此应该是呈梯度变化的，而不是范畴性的。例如，Gonnerman 等人（2007）在控制启动词与目标词语音关系的情况下，改变语义联系强度，结果发现随着启动词与目标词之间语义联系的加强，启动效应量也逐渐增大（实验一）：在启动词与目标词语义联系较低的词对（例如，hardly—hard）上未发现启动效应，在中等语义联系的词对（例如，lately—late）上发现了启动效应，但是其效应量远远小于语义联系较高的词对（例如，boldly—bold）上的启动效应量（二者的启动量分别为 19ms 与 40ms）。

1.5　小结

从最初的词缀剥离模型到目前的交互激活模型与混合模型等，都肯定了词素在心理词典中有一定的表征，几个模型的分歧在于词素表征是完全的还是部分的。词缀剥离模型强调心理词典完全是由词素构成的，但整词效应的存在使得词缀剥离模型不得不做出一些修改；AAM 模型吸取了整词模型和完全分解模型的特点，折中地认为熟悉词是以整词来存储的，不熟悉词是以词素来存储的，但整词存储和词素存储的界限并不清楚，同时忽视了词素特征的影响。MRM 模型比较灵活，认为所有的词在表征上既有词素存储又有整词存储，加工过程中两条通路同时进行，由词素和整词各自的特点来决定两条通路的快慢。交互激活模型比 MRM 模型优越的地方在于其除了考虑到影响词素存储的因素之外，还考虑到不同类型词素的特征，自由词素和黏着词素有各自不同的表征，因此存储的方式也不相同，特别适合汉语、日语等语言的研究。

如果说上述模型在对待词素的问题上持传统的观点，把词素看作离散的单元，那么联结主义理论则以一种全新的视角来考察词素及其在词语加工中的作用，把词素看作动态系统中词形与词义匹配过程中浮现出来的特征，因此既能解释单词素词加工的结果，也能解释多词素词加工的结果，还能解释一些特殊的词素结构加工的结果，例如不透明词与黏着词素的加工。但是该理论还需要更多的行为实验研究来验证。

从上述模型中我们可以看出，目前的模型基本上承认词素在心理词典中有表征，完全整词表征和完全词素表征的观点都只得到部分实验数据的支持。因此，研究者逐渐将焦点转向寻找词素分解的证据上。从多种角度，运用多种实验手段对词素分解的现象进行研究是目前词素研究的一个主要趋势。另一个趋势是结合所研究语言的特点对词素的表征问题进行研究。上述模型基本上都只是针对一种语言的研究提出的，例如，词缀剥离模型主要针对的是英语的研究，汉语只存在少量词缀，因此词缀剥离模型不适合汉语的研究，AAM 模型是根据意大利语的研究提出来的，而意大利语是一种非常规则的语言。Orsolini 和 Marslen-Wilson（1997）的研究发现，意大利语中规则词和不规则词对词根的启动效应没有任何差别，这与英语的研究结果不一致，因为英语的不规则动词的过去式亚规则不明显，而意大利语的亚规则却非常有规律。我们在下文中简要概括了词素分解的主要证据和影响因素。

二、词素分解现象存在的实验证据

2.1　词素频率效应

这里所说的频率包括两种：一种是词素的使用频率（token frequency），主要指词根的累积频率（cumulative root frequency），即由同一词根构成的所有多词素词的频率总和；另一种频率指类型频率（type frequency），指由某一词素构成的所有多词素词的个数。有的研究也把类型频率称作词素的家族数或者构词数。

词语的使用频率影响词汇判断的反应时和准确率是众所周知的现象。大多数研究都通过操纵整词频率和词根累积频率来考察词素是否在多词素词加工中起作用。如果多词素词是通过词素来通达的，那么在加工过程中会观察到词根累积频率效应，而不会观察到整词频率效应；相反，如果多词素词是通过整词通达的，那么在加工过程中会观察到整词频率效应，不会观察到词根累积频率效应；如果整词和词素都是通达单位，那么在加工过程中两种效应都会被观察到。基于这样的实验逻辑，很多研究都通过控制整词频率、改变累积频率，或反过来控制累积频率、改变整词频率来探讨多词素词的表征与通达。大部分研究结果发现多词素词的整词频率与词根的累积频率同时影响词汇加工，即说明在多词素词加工中整词通达和词素分解两种过程均存在（Baayen et al.，1997；Juhasz，Starr，Inhoff，& Placke，2003）。

与派生词与屈折词不同的是，复合词的几个构词词素均为词根或者本身就可以作为一个单词素词自由使用，那么在复合词的加工过程中，究竟是哪个词素的频率起作用还是所有构词词素的频率都起作用？大部分有关复合词的研究使用的多是两个词素构成的复合词，为了叙述方便，我们把复合词的第一个词素称作首词素，第二个词素（通常也是最后一个词素）称作尾词素。目前已有研究表明，在复合词的加工过程中，尾词素表现出稳定的频率效应，但是首词素的频率效应却不太稳定，很容易受到来自复合词的特征、实验任务等方面的影响。目前的研究结果大致可以概括为以下几种观点：

第一种观点认为，首词素的频率是否起作用与复合词的词长有关。

例如，Bertram 与 Hyönä（2003）操纵了不同词长的芬兰语复合词的首词素频率和整词频率。结果发现，长复合词中出现了首词素频率效应，而短复合词中未出现。但是 Juhasz（2008）采用类似的实验设计却在英语复合词中发现了相反的结果，首词素频率效应在短复合词中比在长复合词中要强。也有研究认为可能是其他未加控制的变量影响了首词素频率效应的性质，例如首词素的家族数。

第二种观点认为，复合词首尾词素的频率均会影响复合词的加工，但是产生影响的时间进程不一样：由于大部分文字的阅读是从左向右序列加工的，读者首先通达首词素，随后通达尾词素，因此首词素的频率效应出现于词汇通达的最初阶段，而尾词素的频率效应则在加工较晚的阶段表现出来（Andrews，Miller，& Rayner，2004）。有些研究确实发现，高频的首词素在早期测量上具有较短的注视时间（Hyönä & Pollatsek，1998），而高频的尾词素影响较后的阅读时间（Pollatsek，Hyönä，& Bertram，2000）。

第三种观点认为，尾词素稳定的频率效应源于它在复合词中的特殊地位——中心词素，即标明复合词所属语义范畴的词素。该观点认为中心词素是引导分解加工的决定性因素。向心结构的复合词在心理词典中的表征方式是层级式的，整词首先与中心词素相联结，然后修饰成分再与中心词素相连。而离心结构的复合词在心理词典中的表征方式是平面式的，复合词与两个构词词素均直接联结。但是也有研究并不支持该假设，例如 Duñabeitia，Perea，& Carreiras（2007）比较了巴斯克语与西班牙语复合词的词汇判断反应时。这两种语言在中心词素的位置上存在着显著的差别，巴斯克语复合词有的中心词素在左，有的中心词素在右，但是西班牙语复合词的中心词素主要在右。该研究改变首尾词素的频率，保持整词频率不变，结果在两种语言中均发现了尾词素的频率效应，而未发现首词素的效应。因此尾词素的频率效应有可能不是源于中心词素的核心地位。

第四种观点认为，很有可能是其他未加控制的变量影响了首词素频率效应的性质，例如首词素的家族数。

2.2 词素类型频率效应或家族数效应

词素家族数指的是一个给定词根通过复合或派生而得到的所有词的个数（Schreuder & Baayen, 1997）。Schreuder 与 Baayen 比较了构词能力不等的两组单词素词，结果发现了很强的家族数效应，构词能力较强的单词素词的加工时间明显短于构词能力较弱的单词素词。Bertram, Baayen, & Schreuder（2000）把最初关于单词素词的研究扩展到了多词素词中，得出了类似的词素家族数效应。这些研究结果表明，如果一个多词素词中首词素的词素家族庞大，那么这个首词素在词典内部就会产生更强的激活效应，从而促进整个词语的识别。

据我们了解，家族数这一概念很早就出现了，Nagy, Anderson, Schommer, Scott, & Stallman（1989）曾考察过词语的加工速度是否会受到与之有词素关系的其他词语的频率的影响。结果发现单词素词的加工会受到与之有词素关系的其他词语的频率的影响，例如，quiet 的加工速度会受到 quietness 的影响。作者引入了词语家族的概念，认为所有共享同一词素的词语具有一个共同的入口，通过这一入口，具有词素关系的词语互相联结。这样，通达一个入口就会导致相关词语的部分激活。遗憾的是该研究并未引起后期研究者的重视，直到十几年以后才有研究者开始重新考察词素的家族数是否会影响多词素词的加工。

相关研究还讨论了家族数效应起作用的时间进程，即家族数效应出现于复合词加工的哪个阶段。一直以来研究者都认为家族数效应与词素及其家族成员的语义有关，因此它的效应应出现于复合词加工较晚的阶段。Schreuder & Baayen（1997）使用了旨在考察词汇加工早期阶段的逐步解掩蔽方法，结果没有发现家族数效应。同时还发现，将语义不透明的家族成员去掉之后，词素的家族数与词汇判断反应时之间的相关增加（Bertram et al., 2000）。这些研究结果表明，家族数可能和词汇识别的较晚阶段——通达语义表征有关。但是，近年来一些采用眼动与脑电研究的结果显示，家族数起作用的阶段比我们之前认为的要早。比如，Pylkkänen, Feintuch, Hopkins, & Marantz（2004）脑磁图的研究发现，在刺激出现 350 毫秒左右时观察到了家族数效应。不过，观察到的不是促进作用，而是词素家族内部互相竞争，类似于语音邻近词之间的竞争。

2.3　语义透明度

语义透明度是指词素语义对整词语义的贡献程度，或者说词素语义与整词语义之间的重叠程度。例如，bookshop（书店）是个语义透明词，我们可以将 book（书）与 shop（店）的意义结合起来从而推测出 bookshop 的意义。可是在 department（部门、系）中，词素 depart（出发）与整词 department 的词义没有任何联系，因此 department 是一个语义不透明的词。研究发现，词根与整词之间的语义重合程度是影响多词素词表征与通达的一个很重要的因素。Marslen-Wilson，Tyler，Waksler，& Older（1994）采用跨通道启动技术与词汇判断任务，考察了语义和语音透明度是否影响派生词的存储与加工。结果发现，语义透明的派生词（happiness）与词根（happy）之间互相促进，但语义不透明的派生词（casualty）与词根（casual）却互相没有启动效应。同时还发现先前出现的语义透明派生词会抑制随后出现的同词根语义透明派生词的加工速度（government—governor）。推测其原因在于语义透明度影响词语在心理词典中的表征方式：语义透明的派生词在词典中是以词素的形式存储，整词没有表征，由同一词素构成的透明派生词含有共同的表征——词根。听到一个透明的派生词时通常会进行两种加工：激活词根，并与词缀进行组合，同时抑制词根与别的词缀的组合。因此语义透明的两个派生词之间就出现了抑制效应。而与语义透明的派生词以词素形式存储所不同的是，语义不透明的派生词是以整词形式存储的，彼此之间没有关系也就不存在抑制。

目前，有关复合词的研究也普遍发现了语义透明度的作用，还有研究者特别强调语义透明度在复合词表征与加工中的重要作用，认为"语义透明度在任何复合词表征和加工的模型中都应该有重要的作用"（Libben，1998）。复合词语义透明度的作用一般是采用启动范式来考察的，一类是词素重复启动，一类是语义启动。重复启动是用词素做启动词，含有该词素的复合词为目标词，例如用"黑"启动"黑板"，或者反过来用复合词做启动词，构词词素做目标词，例如用"黑板"启动"黑"。语义启动则是用与构词词素有语义联系的词作为启动词或目标词，例如用"白"启动"黑板"，或者用"黑板"启动"白"。

■ 2.3.1　词素重复启动

在词素重复启动实验中，构词词素要么作为启动词，要么作为目标词。很多研究均发现复合词的加工会促进随后构词词素的加工，而构词词素的加工也会促进随后复合词的加工（Inhoff，Briihl，& Schwartz，1996；Jarema，Busson，Nikolova，Tsapkini，& Libben，1999；Libben，Gibson，Yoon，& Sandra，2003；Monsell，1985；Zwitserlood，1994）。例如，Monsell（1985）利用长间隔重复启动比较了透明复合词（beanpole）、不透明复合词（butterfly）与假复合词（boycott，trombone）作为目标词时被构词词素启动的情况。假复合词是包含一个或多个现存词素的单词素词，例如 boycott 中的 boy 是一个英语中真实存在的词素，但是 boycott 却并不是一个多词素词。结果发现这三类材料都表现出显著的重复启动效应。Zwitserlood（1994）利用荷兰语复合词作为启动词也发现，无论复合词透明与否，都会促进随后出现的构词词素的加工。例如，kerkorgel（church organ，教堂用的风琴）会促进随后出现的 kerk（教堂）或者 orgel（风琴）的加工。而如果启动词与目标词之间没有词素关系，只有正字法重叠，则不会产生启动效应：kerstfeest（圣诞节）不会促进 kers（樱桃）的加工。这些研究说明识别复合词时会激活构词词素的表征，而不仅仅是共同的正字法表征。

从以上研究结果来看，有关词素启动的研究均发现了稳定的启动效应，即使是不透明的复合词也一样。这说明在复合词加工的过程中确实存在词素分解现象，而且这种分解现象可能发生在加工的早期阶段。

■ 2.3.2　词素语义启动

词素语义启动要考察的问题是：在复合词的加工过程中，是否会通达其构词词素的语义表征？ Sandra（1990）发现：透明复合词的词汇判断时间会受到与其中一个词素具有语义联系的词语的促进，例如 woman（妇女）会促进 milkman（送奶工）的加工；但是不透明复合词的加工则不会受到与构词词素具有语义关系的另一个词语的促进作用，例如 bread（面包）不会促进 butterfly（蝴蝶）的加工；假复合词的加工也不会受到促进作用，例如 girl（女孩儿）不会促进 boycott（抵制）

的加工。Sandra 认为，上述结果是因为语义透明的复合词会发生词素分解，所以先前出现的与目标复合词的其中一个词素有语义联系的词语促进了随后分解出来的词素的激活，所以出现了词素语义的促进作用。具体以 woman 为启动词，milkman 为目标词的加工为例来说明 Sandra 的看法：当启动词 woman 出现时，会激活与之有语义联系的其他词语，man 就是其中一个被激活的词条；而目标词 milkman 出现后，分解为 milk 与 man，启动词与目标词的激活一致，从而导致了目标词的迅速识别。语义不透明的复合词在识别时不会分解为构词词素，因此也不会出现类似于语义透明词那样的词素语义启动效应。但是在这一研究中，作者并未考虑透明复合词是否具有整词表征。随后，Sandra（1994）进一步说明，词素表征和整词表征都需要，因为如果仅仅是词素表征，则不足以提供整词的全部词义。Zwitserlood（1994）进一步区分了只有一个词素不透明的复合词与两个词素均不透明的复合词，前者叫半透明词，例如 Sandra（1990）所举的例子 Sunday，jailbird（囚犯），后者是完全不透明的复合词，例如 hogwash（废话），blackguard（流氓）。Zwitser-lood 比较了透明词、半透明词和不透明词的语义启动效应，结果在透明词与半透明词中发现了语义启动效应，而在不透明词未发现语义启动效应。

结合词素重复启动与语义启动的结果，我们发现无论是透明复合词还是不透明复合词，均容易产生词素重复启动，而只有透明复合词才会产生语义启动。这样的结果似乎说明在词汇加工的早期阶段，所有的复合词均会发生词素分解，但只有透明的复合词才会发生词素语义的整合（Koester，Gunter，& Wagner，2007）。

还有的研究发现复合词语义透明度的作用与构词词素在复合词中所处的位置或功能有关。Libben 等人（2003）将词素的透明度与词素在词语中的位置或作用结合起来，从而组合了以下四组实验材料：两个词素均透明（例如 car wash，简称 TT）；首词素不透明，尾词素透明（例如 strawberry，简称 OT）；首词素透明，尾词素不透明（例如 jailbird，简称 TO）；两个词素均不透明（例如 hogwash，简称 OO）。其实验逻辑为：如果语义透明度仅仅表示的是词素意义与整词词义之间的重叠程度，那么 OT 与 TO 之间的反应时应该无显著差异；如果语义透明度与词素的位置存在交互作用，那么 OT 与 TO 之间应该有显著差异。结果证实了作者的假设：OT 与 TT 的反应时无显著差异，表明复合词的中心词素在复合词的加工中具有特殊的地位。但是有研究质疑该研究的语义透明度效应与频率效应发生了混淆，因为该研究并未控制好整词频率与首词素频率，TT 类复合词的频率比其他三类复合词的频率高，TT 与 OT 类复合词的首词素频率比另两组复合词的首词素频率高（Frisson，Niswander-Klement，& Pollatsek，2008）。

尽管语义透明度的作用比较明显，但是也有个别研究并未观察到语义透明度的效应。例如，Pollatsek & Hyönä（2005）操纵了复合词的语义透明度与首词素的频率，考察了芬兰语中长复合词加工中的透明度效应与词素频率效应，结果只发现了首词素的频率效应而未发现语义透明度的效应。

2.4　修饰成分与中心词素

就向心结构的复合词而言，不同位置的构词词素在复合词的构成中所起的作用并不相同。有研究者提出，对于向心复合词，中心词素是复合词的通达代码，在其听觉加工中起着重要作用（Isel，Gunter，& Friederici，2003）。Isel 等人（2003）发现，对于德语双词素语义透明复合词，只有在中心词素加工结束后首词素才会激活。因此他们认为，语义透明的复合词是分解加工的，构词词素分别被通达，修饰词素的语义通达受到中心词素的限制，只有在中心词素通达之后修饰词素的语义才能通达。他们把这种现象称作词素整合的延迟现象。

Koester 等人（2007）也说明了通达透明复合词的词义需要分别通达两个词素的语义，并将它们整合在一起。他们给被试听觉呈现低频的语义透明词（blackbird）与语义不透明词（blackmail），观察被试听到中心词素后 ERP 波形的变化。作者认为，透明复合词在心理词典中没有整词的表征，只有词素表征，在词汇识别过程中需要将两个构词词素的语义整合起来才能通达整词词义，因此会出现 N400 效应，而不透明复合词在心理词典中是有整词表征的，而且由于词素整合之后的语义与整词语义不一致，因此避免进行整合，所以也不会观察到 N400 效应。

结果证实了作者的假设，当透明复合词的中心词素出现后，在顶中央引发了一个更大的慢的负波脑电成分。与 Isel 等人（2003）的研究结论不同的是，Koester 等人认为三词素复合词的语义整合是渐进的，不一定等到复合词的中心词素出现之后才开始。例如，Koester，Holle，& Gunter（2009）构造了德语三词素复合词，操纵了第二个词素和第三个词素与它们前面的词素形成复合词的可能性，实验一共包括四类复合词：HH，即两个词素与之前的词素构成复合词的可能性都很高；HL，即第二个词素与第一个词素构成复合词的可能性比较高，但是第三个词素与前面两个词素构成复合词的可能性比较低；LH，即第二个词素与第一个词素构成复合词的可能性比较低，但是第三个词素与前面两个词素构成复合词的可能性比较高；LL，即第二个词素和第三个词素与前面的词素构成复合词的可能性都比较低。听觉呈现这些三词素复合词，随后屏幕上出现两个词语，要求被试选出与听到的复合词语义比较接近的词语来。从第二个词素开始记录被试的脑电活动。结果发现第二个词素出现 300 ～ 500ms 之间时在左侧大脑中部引发了一个负波，出现 600 ～ 900ms 之间时在大脑后部引发了一个正波。作者认为出现于 300 ～ 500ms 之间的是 N400，反映的是首词素与第二个词素词汇语义整合的难度，而出现于 600 ～ 900ms 之间的是 P600，反映的是复合词内部结构的即时调整。听到两个词素时被试以为第二个词素是语义中心，当听到第三个词素时，第二个词素的功能由中心词素调整为修饰词素，因此会出现 P600。可能性比较低的第三个词素，即中心词素也诱发了 N400，反映了被试把所有词素语义整合为一个统一的概念的加工。可能性较低的第三个词素没有诱发 P600。

2.5　小结

　　词根累积频率和词根类型频率（家族数）效应的存在说明，在多词素词的加工中，不仅目标词得到了激活，含有共同词素表征单元的所有家族成员也都得到了激活。实验大多支持交互激活模型或 MRM 模型，肯定词素在多词素词表征与加工中的作用，以及词素在词典中的组织作用。语义透明度的效应则说明词素与整词的语义关系是影响词素表征的一个主要因素，语义透明的词倾向于分解表征，有的研究者甚至认为语义透明词在心理词典中没有整词表征，仅有词素的表征，而语义不透明的词由于词素和整词在语义上没有任何联系，倾向于整词表征。

但是，关于这些影响因素的作用研究的结果仍然存在争议，其中主要受所研究对象语言特点及实验手段的影响。例如，虽然 Marslen-Wilson 等人（1994）证明语义透明度是影响词素表征的一个重要因素，但是 Forster & Azuma（2000）在掩蔽启动任务下发现透明词和不透明词都对词根有启动作用，因此认为不透明词也是以词素分解的形式存储的。

从语言习得的角度来看，儿童在日常交际中使用的最小语言单位是词语，在语言发展过程中，学会的也是一个个的词。随着儿童词汇的积累，含有同一词素的多词素词逐渐增多，由于语音语义方面存在的相似性，词素逐渐从整词中分离出来。在分离的过程中，频率越高的词素，越容易从语流中凸显出来，因此也越容易被习得。家族成员较多的词素，语音和语义联结的次数增多，不断得到强化，因此也容易分离出来。语义透明的多词素词，语义和语义的匹配很少发生例外，因此也容易分离出来。这样看来，影响成人词素分解的因素同样可能影响着儿童词素的习得。我们在下文的实验研究部分会逐步证明这一点。

从上文的综述我们可以看出，词素是否在心理词典中有表征，在多词素词的加工中是否存在词素分解的现象，还处在争论中。原因之一是词素的存储与加工受多种因素的影响，每种方法只能探测到很小的一个方面，词素的研究需要更全面的实验手段，或者是换个角度来考虑。还有一个原因是成人的词素系统已经成熟，加工的自动化程度很高，在多词素词的识别中，词频、词素频率、语义透明度、词素能产性等多种因素交织在一起，因此常常导致相左的结论。所以目前的一个研究趋势是采用多种实验手段，从多种角度入手来探索词素的表征，例如语言习得（儿童词素的发展）、计算机模型或神经生理（失语症病人）的数据都可以为词素的表征与加工问题提供很好的证据（Levelt，Roelofs，& Meyer，1999）。

另一个趋势是进行跨语言研究，词素与词素间组合原则不同，造成多词素词的复杂程度不同。汉语的词素系统相对来说比较简单，作为汉语书写单位的汉字被称为语素音节文字，因为音节、汉字、词素基本上是一对一的关系。而且汉语基本的构词法是复合形式，词根与词根直接组合成复合词。而西班牙语、英语、法语等被称为多词素语，不仅有词根，还有词缀，并且词根和词缀有不同的组合，形成派生词、屈折词、前缀词、后缀词等不同的多词素词。即使在这些多词素语中，不同语言的词素也显示出不同的特点。一些语言，如土耳其语或芬兰语，词缀总是附着在词根后面形成屈折词或派生词，而且词素和整词的语音语义关系总是透明的。可是在希伯来语或阿拉伯语中，词素的界限并不明显。英语中的派生词常常改变词根的语音形式。目前有关多词素词加工的研究主要集中在拼音文字语言中，汉语中的相关研究很少。对汉语词素进行研究不仅可以验证和补充已有的研究成果，而且可以从复合词的角度探讨词素表征与加工的普遍规律和语言特异的规律。我们首先来了解一下汉语复合词表征与加工的相关研究。

三、汉语复合词表征与加工的研究

汉语词素的研究起步较晚，但与其他语言的研究一致，也是试图探讨以下问题：词素在汉语读者的心理词典中是否具有独立的表征？词素在汉语复合词的加工中是否起作用？哪些因素影响汉语词素的表征与加工？虽然汉语词素的研究只有短短十几年，但已经基本证明词素在心理词典中是有表征的，其证据主要来自启动研究、词素累积频率效应、语义透明度等几方面的研究。

3.1　来自启动的研究

采用启动范式的实验逻辑是：如果复合词的词素在心理词典中具有表征，而且启动词与目标词具有词素联系，那么启动词的呈现会激活二者共有的词素特征，进而促进目标词的加工，这就是词素启动效应；同时，比较不同模式的启动效应，则可推知复合词加工中，词素的哪些特征被通达了；相反，如果复合词的词素在心理词典中没有表征，那么就不会出现任何词素启动效应。我们在引言中提到过，汉语中存在大量的同音词素和同形词素，利用启动实验范式，比较词素启动、同形词素启动、同音词素启动这三种不同类型的词素关系在复合词加工的不同时间进程中的启动效应，可进一步推知词素表征的性质。同时，由于同形词素具有相同的字音与字形，但却是两个不同的词素，例如"华丽"的"华"与"华侨"的"华"，而同音词素具有相同的字音，但字形与字义却不同，例如"华丽"的"华"与"滑翔"的"滑"。因此比较这三类词素在汉语复合词的加工的不同时间进程中所呈现出的不同启动效应，还可以将词素启动效应与正字法、语音、语义加工所带来的启动效应区别开来，从而理清词素加工是否是正字法、语音和语义综合作用的结果。

Zhou 及其合作者所开展的一系列研究主要是从这个角度入手进行的（Zhou & Marslen-Wilson，1995；Zhou，Marslen-Wilson，Taft，& Shu，1999）。Zhou & Marslen-Wilson（1995）比较了听觉立即启动、短间隔重复启动、中等间隔重复启动与长间隔重复启动这几种条件下，词素启动、同形词素启动与同音词素启动的效应量。以"剧本"作为目标词为例，词素启动、同形词素启动、同音词素启动的启动词分别为"剧场""剧烈"与"惧怕"。结果在立即启动、短间隔与中等间隔启动下，词素启动（剧场—剧本）产生了显著的促进效应，而同形词素（剧烈—剧本）与同音词素（惧怕—剧本）则产生了抑制效应。该结果模式表明词素启动不是由启动词与目标词之间的语音相似或正字法相似决定的。同样，词素启动效应也被证明不完全是由启动词与目标词之间语义上的相似性决定的。虽然词素启动条件下的启动词与目标词之间的整词语义联系比较高[①]，而且语义联系程度与词素启动量之间具有一定程度相关，但是随着启动词与目标词之间间隔的项目逐渐增多，二者之间的相关逐渐减小，甚至不再显著[②]。这说明启动词与目标词之间的语义联系确实对词素启动效应产生了一定的影响，但是词素启动效应不完全是由启动词与目标词之间的语义联系决定的。

---

① 用九点量表评定，二者的语义联系从 2.0 到 8.9 不等，平均联系程度为 6.4。

② 立即启动条件下的相关系数为 $r = 0.33$，$p < 0.05$，短间隔下的相关为 $r = 0.29$，$p = 0.007$，中等间隔下的相关为 $r = 0.17$，$p = 0.29$。

　　Zhou 等人（1999）进一步采用视觉启动比较了词素启动、同形词素启动和同音词素启动在复合词加工的不同时间进程中的启动效应。实验设置了掩蔽启动及两种 SOA（启动词和目标词起始时间间隔）——57 毫秒和 200 毫秒。实验材料与 Zhou & Marslen-Wilson（1995）基本相同。结果在这三种条件下，词素启动均产生了非常显著的启动效应，同形词素只是在掩蔽启动和较短的 SOA 下产生了显著的促进效应，而同音词素未产生任何启动效应。

　　上述两个实验的结果表明，汉语词素在心理词典中具有表征，其作用无法由启动词和目标词之间正字法、语音或语义的相似性来解释。那么汉语复合词是否具有整词的表征呢？答案是肯定的。Zhou & Marslen-Wilson（1995）还包括了一组同一启动（启动词和目标词为同一个复合词，即用"剧本"启动"剧本"），结果发现，无论在立即启动条件下还是有间隔的启动条件下，同一启动的效应量都是最大的，而且显著大于词素启动的效应量。说明在汉语成人的心理词典中，复合词具有整词表征。事实上，Zhou & Marslen-Wilson（2000）强调了汉语复合词具有整词表征的必要性：即使是非常透明的复合词，其整词词义也不能完全由词素的词义推测出来。因为不同复合词其词素组合时所用的语义关系并不相同，而且这种组合关系不是简单地由构词词素的语义或者句法来决定的。例如"雨伞"中"雨"和"伞"是通过"工具"关系组合起来的，而"纸伞"中"纸"和"伞"则是"材料"关系。鉴于复合词内部复杂的词素语义组合关系，仅仅根据复合词的构词词素无法准确地推知不熟悉复合词的词义，因此只有熟悉了复合词，我们才能了解构词词素是否对复合词整词词义有贡献，以及贡献大小等。不仅如此，汉语复合词的词素"句法"组合还多种多样，这又增加了复合词词义的不确定性。鉴于此，完全的词素表征模型并不适合汉语复合词的表征，复合词应该有自己的整词表征。

3.2　词素累积频率效应

　　词素表征另一方面的证据来自词素的累积频率效应（彭聃龄、丁国盛，1997；王春茂、彭聃龄，1999；Peng, Zhang, & Liu, 1993；

Zhang & Peng，1992）。Zhang & Peng（1992）首先通过变化词素频率和整词频率考察了汉语复合词加工中词素的作用。结果发现词素频率和整词频率都影响复合词的通达速度及准确率。Taft，Huang，& Zhu（1994）在控制整词频率的情况下，变化首尾词素的频率，结果发现两个词素均高频的复合词（例如"城关"）的反应时比其中一个词素为高频的复合词（例如，前高后低的复合词"家眷"和前低后高的复合词"桉树"）的反应时短。词素累积频率的促进作用表明汉语词汇识别的过程中通达了构词词素。

Peng，Liu，& Wang（1999）同时操纵了整词频率和词素频率（实验一），考察了以下四组材料的词汇判断反应时：1.整词高频、两词素均高频，例如"把握""检讨"；2.整词高频、两词素均低频，例如"麻烦""牺牲"；3.整词低频、两词素均高频，例如"精辟""打听"；4.整词低频、两词素均低频，例如"慈悲""荣幸"。结果在高频复合词上发现了词素累积频率的效应（535ms vs. 515ms），而在低频复合词上未发现（568ms vs. 566ms）。这样的结果似乎表明高频词是以分解的方式通达的，而低频词是以整词的形式通达的，显然这样的解释与我们一般所想的是相反的。因此，作者放弃了这种解释，而认为高、低频词均同时存在整词和词素表征，只是高频词的词素与整词之间的联结较强，而低频词的词素与整词之间的联结较弱，因此低频词上没有出现词素累积频率的效应。

目前一些研究把字频当成词素的累积频率，字频的统计包括了其作为单字词的使用频率以及包含该字的所有多音节词的频率两部分。计算词素累积频率的困难之处在于汉语存在大量的同形词素，比如"老人""老师""年老"三个词。还有的汉字，语言学家没有当作同形词素处理，可是实际上几个义项之间在现代汉语中没有任何联系，例如"光明""光滑""风光""用光"，其中的"光"是同一个词素还是不同的词素？那么，拿字频作为词素的累积频率是否合理呢？这显然是值得怀疑的。因此，利用词素累积频率和整词表面频率效应来考察词素和整词是否是心理词典的表征单元时，首先应该对词素累积频率的计算有一种科学而一致的看法。

3.3　语义透明度效应

英语和其他语言复合词的研究发现，构词词素的语义透明度是影响其在复合词加工中能否被激活的一个重要因素（Sandra，1990；Zwitserlood，1994）。汉语复合词透明度相对来说较高（苑春法、黄昌宁，1998）。相关研究发现，汉语词素的语义透明度也是影响汉语复合词表征与加工的一个重要因素。例如，Peng，Liu，& Wang（1999，实验二）采用视觉词汇判断任务，在控制整词频率的情况下，考察了词素语义透明度和累积频率对复合词加工的影响。实验包括四组材料：1. 语义透明，词素频率高，例如"职责""过错"；2. 语义透明，词素频率低，例如"俘虏""夸奖"；3. 语义不透明，词素频率高，例如"把握""打听"；4. 语义不透明，词素频率低，例如"麻烦""纯粹"。结果发现，词素频率是否有效依赖于语义透明度。词素频率在透明词上的效应是促进的，但在不透明词上是抑制的，词素频率较高的不透明词反而加工更慢。作者认为复合词的表征受语义透明度的影响，透明词的词素和整词间存在兴奋性的连接，不透明词的词素和整词间存在抑制性的连接。因此，词素累积频率较高的透明词加工更快，而词素累积频率较高的不透明词最慢。

Peng 等人（1999）的另一个实验采用视觉启动任务，操纵了启动词和目标词的首词素，为了确保启动效应不是由整词语义启动效应造成的，启动词与目标词之间的语义没有任何联系。语义透明组如"安宁—安装"，不透明组如"快活—快速"。结果只发现了语义透明组的启动效应。

研究者还考察了在复合词加工的不同时间进程中透明度所起的作用。Liu & Peng（1997）使用不透明词作为启动词，例如"草率"，目标词有以下几种：与启动词有语义联系的词语，例如"马虎"；与首词素有语义联系的词语，例如"树木"；与尾词素有语义联系的词语，例如"领导"。在短 SOA（43 ms）下，只有整词条件下产生了启动效应，但是在较长的 SOA（143 ms）下，三种条件下均发现了显著的启动效应，表明整词和两个词素均已激活。作者认为不透明复合词和透明复合词有相同的存储机制，只是词素激活时间上有差别。

但需要指出的是，这几项研究在界定透明度时存在一个问题，即混淆了词素的语义透明度和同形词素。例如，研究把"草地"看成透明词，而把"草率"看成不透明词，因为作者认为"草"的基本意义应该是一种植物，因此"草地"是透明词，"草率"是不透明词。事实上，由于汉语词汇系统的复杂性，有些汉字与词素之间不完全是一一对应的关系，一个汉字可以对应多个词素，这些词素构成同形词素，"草地"的"草"与"草率"的"草"就是同形词素。虽然语音和正字法相同，但是它们的意义毫无关系，我们从词源上也找不到任何关系，所以应该看成两个不同词素。事实上，《现代汉语词典》也是把这类词当作同形词素来处理的，分别标为"草[1]""草[2]"。

综上所述，与其他语言的研究相一致，汉语的研究分别从词素启动、词素累积频率和语义透明度三个方面说明词素在心理词典中有表征，但是还存在一些争论。实际上，近些年的研究还从词素自身的一些特点出发，探讨了自由词素、黏着词素以及词素结构在多词素词加工中的不同作用。

3.4　自由词素和黏着词素的表征

从上文综述的研究中我们可以看出，虽然不同研究的结论有时会有一些分歧，但是基本上说明词素在汉语母语者心理词典中具有一定的表征，而且会影响汉语复合词的加工。汉语中黏着词素数量较多，与自由词素数量相当，如果词素在汉语复合词的加工中起作用，那么自由词素与黏着词素起作用的方式是否相似？迄今为止，相关研究并不多见。

Taft（2003）要求被试对一系列"汉字"进行真假字判断，其中真字包括属于自由词素的真字和属于黏着词素的真字，结果发现这两组真字的判断反应时之间无显著差异。实验又进一步要求被试进行是否是"词"的判断，结果发现被试对对应自由词素的汉字做出"是"反应的比例高于对应黏着词素的汉字。该结果表明词素的黏着性在汉语成人的心理词典中具有一定的心理现实性。

Taft & Zhu（1995）考察了汉语联绵词和黏着词素的表征，发现联绵词（例如"蚯蚓"）的第二个音节"蚓"比第一个音节"蚯"的命名反应时要长，而处于第二个位置（例如"侣"）的黏着词素比处于第一个位置的黏着词素（例如"殉"）命名反应时短。作者认为，联绵词的两个音节没有自己独立的表征，只有整词的表征。因此命名联绵词的两个音节都需要激活整词表征，由于从左向右加工的阅读习惯，使得处于第一个位置上的音节比处于第二个位置上的音节命名时间短。黏着词素，例如"殉"与"侣"，在心理词典中有自己独立的表征。但是作者没有进一步解释为什么处于第二个位置的黏着词素比处于第一个位置的黏着词素命名时间短。

日语的双字复合词像汉语一样，词素包括自由词素和黏着词素。Shimomura（1999）考察了自由词素（金—金属）和黏着词素（基—基本）对整词的启动，发现黏着词素对整词的启动量（66ms）要大于自由词素对整词的启动量（51ms）。词素类型的这种差异还受到词素熟悉性的影响：熟悉性高的自由词素对整词几乎没有启动效应。作者以交互激活模型为理论依据，认为自由词素有两个表征，词汇层和词素层各有一个表征，二者处于不同的水平。以"金"和"金属"为例，作为单字词的"金"和作为词素的"金"分属不同的表征层，作为单字词的"金"和整词"金属"处于表征的同一层。因此，启动词"金"激活两种表征：作为单字词的"金"和作为词素的"金"，二者对随后出现的"金属"有不同的加工，单字词"金"因为和"金属"处于同一层，会产生抑制作用，词素"金"处于"金属"的下一层，因此产生促进作用。两种作用互相抵消，使得自由词素对整词的启动作用减小。黏着词素在整词层没有表征，只在词素层有表征，因此对整词只有促进作用，没有抑制作用。该研究的主要问题是没有考虑词素的透明度以及词素与整词的意义关系等因素。如果整词的语义透明度不同，启动效应是否也会有所差别呢？这些问题还有待于进一步研究。

从这些零星的研究中可以看出，汉语中黏着词素加工的研究还非常罕见，比较自由词素与黏着词素加工的研究也非常罕见。黏着词素在汉语中占据相当大的比例，而且有些黏着词素在汉语词汇中位置固定，有些位置却比较灵活，那么黏着词素的表征是否会受到词素位置的影响呢？黏着词素是否能够在心理词典中建立起独立的表征，应该和词素的能产性有很大的关系。构词能力强的黏着词素，因为多次出现在不同的复合词中，其词素义比较容易抽象概括出来，因此比较容易建立起自己的表征。这些假设还有待于进一步实验研究的验证。

3.5 词素结构

Zhang & Peng（1992）的研究还发现联合词（如"富强"）的两个词素都影响复合词的通达，即两个词素均出现了显著的频率效应，表明两个词素起着同等重要的作用。而偏正词（如"凉亭"）只在首词素上发现了显著的频率效应，虽然尾词素频率高的复合词比尾词素频率低的复合词加工快（分别为 554 毫秒与 587 毫秒），但是统计上没有达到显著。在随后的研究中，张必隐（1997）又进一步采用视觉启动实验考察了并列结构和偏正结构复合词的加工。启动词与目标词要么首词素相同，要么尾词素相同。结果发现两类结构的启动效应正好相反：并列结构复合词产生启动效应的情况是尾词素匹配，而偏正结构复合词产生启动效应的情况是首词素匹配。偏正结构复合词首词素的激活与其他语言关于复合词的研究的结果不一致，尤其是与所提议的偏正结构的复合词中中心词素占据主导地位的观点不一致（Isel et al.，2003；Libben et al.，2003）。

王文斌（2001）与张金桥（2009）还进一步发现，即使在并列结构复合词内部，由于首尾词素与整词语义联系不同，两个词素对复合词加工的重要性或者影响程度也是不同的。具体来说：像"学习"这样的并列结构复合词，首尾两词素同义，与整的语义一致，所以两词素都会影响复合词的通达；像"骨肉"这一类复合词，虽然首尾词素的语义相近，但是整词词义与两词素的语义之间的联系没有第一组那么紧密，通达这类并列结构复合词需要的时间较长。这说明，汉语母语者在加工并列式复合词时，会将复合词分解为构词词素来完成词汇通达，并列式复合词内部词素激活的强度主要受到语义透明度的影响，词素与整词之间意义重叠程度越高，词素对整词加工的影响越大。

3.6　小结

汉语的词素及词汇系统比较复杂，特别是词素的界定上，尤其是对于有多个意义的词素。而且词素意义常常和单用与否交织在一起，给词素的研究带来很多困难，因此进行词素研究的第一步就是参考语言学的一些研究成果对词素进行清晰的界定。例如，"光"在《现代汉语词典》中的义项有"灯光""光滑""一点儿不剩""风景""光荣"等。前三个义项的"光"可以单用，也就是说可以充当单字词，后两个义项的"光"不能单用，只能作为词素。

从上述研究我们可以看出，汉语词素的研究集中在以下几个方面：第一，词素启动效应并不是由启动词和目标词之间在正字法、语音或语义上的相似性决定的，汉语词素在心理词典中有一定表征；第二，通过对词素累积频率效应的考察来说明词素表征的存在，在汉语复合词加工过程中，词素信息得到了激活并对复合词加工的速度与准确性产生了影响；第三，语义透明度对汉语复合词的表征与通达有影响，不过，由于在语义透明度的界定上存在一些问题，有关语义透明度对汉语复合词加工影响的研究还有待进一步深入；第四，自由词素和黏着词素是否有同样的表征？虽然汉语中含有大量的黏着词素，但是有关自由词素与黏着词素表征的相关研究却未引起研究者的足够重视；第五，不同结构的复合词是否以同样的方式存储与加工？汉语复合词的内部结构非常丰富，目前除了并列结构与偏正结构之外，其他结构的复合词还未见到相关研究。

词素是一种复杂的语言现象，词素是否存储于词典中，受到很多因素的影响。从最初的整词罗列模型、词缀剥离模型到交互激活模型、双通路模型等，词素的研究虽然取得了很大的进步，脱离了绝对的"有"或"无"的争吵，基本肯定了词素表征的存在，但对词素是如何表征的这一问题还缺乏深入的了解。因为词素的表征受到多种因素的影响：词素累积频率、词素的类型频率、语义透明度、语音透明度、多词素词的类型。这些因素之间都有一定的内在联系，成人的语言已经发展成熟，这些因素在多词素词的加工中共同起作用，再加上成人语言加工的自动化程度很高，使得同样的实验材料在不同的实验手段下，可能得出并不一致的结果。因此，一些研究者提议从儿童语言习得的角度来考察词素，他们认为也许影响词素表征的因素作用于儿童语言发展过程中的不同阶段，因此从发展的角度有可能看到不同年龄阶段各因素的作用情况，以及儿童各方面能力的发展状况，从而为词素表征的性质提供进一步的证据。

第 3 章
儿童词素意识的发展

一、词素意识的概念

词素意识首先是一种元语言学意识（metalinguistic awareness）。所谓元语言意识，是指个体将语言文字作为分析对象，对语言文字一般性特征的认识和操作（Tunmer & Hoover，1992）。它包括语音意识、正字法意识、词素意识、句法意识和语用意识等，是个体思考语言本质特征和功能的能力。

虽然最近几年有关词素意识的研究逐渐增多，但对国内外的研究者和教育家来说，词素意识的概念还比较生疏。Moats（2000）就曾特别指出，与词素和词素意识的概念相比，教育家更熟悉音位和音位意识。从目前已有的研究来看，研究者对词素意识的定义主要限定在两方面：结构和意义。有的研究者强调学习者对词素结构的意识，例如，Carlisle（1995）认为："词素意识是对词内在的词素结构的意识以及操纵这种结构的能力。" Green 等（2003）亦强调词素结构："词素意识是对意义相关的词的结构的敏感程度，它包含屈折和派生的知识。"

而有的研究者比较注重词素在意义方面的作用、特征（Anglin，1993；Nagy & Anderson，1984）。例如，Arnbak & Elbro（2000）给词素意识下的定义为："觉察和操纵语言中最小的意义单位，即词素的能力。"其理由是词素是词主要的构成单位，词素通过不同方式的组合可以构成无数词。尤其是拼音文字语言中那些比较长的词，都是由几个词素构成的多词素词。如果通过词素分析来学习比较长的词，肯定会对发音、拼写，甚至词义的学习等多方面有帮助，从而提高学习的效率。要想准确利用词素分析的优势，儿童需要发展一种意识，即认识到我们使用的大部分词语是由更小的单位组成的，这些更小的单位可以为我们识别新词，猜测其意义提供一种可靠的线索。因此上述研究者认为，词素意识可以被看作是一种分析的技巧，包括结构和意义两方面。

还有些研究者强调学习者通过词素及其结构而对多词素词进行合理的语义推测的能力。例如 McBride-Chang 等人（2005）认为："词素意识是指通达到词义的关于词的词素结构的意识。"她们还提出了词素结构意识的概念，它指的是能否意识到多词素词是由多个词素组成的，并且在加工多词素词的时候通达这些构词词素。在能力上的反映为运用词素的知识来识别或产生新的适合某一特定语言的多词素词。

这样说来，词素意识实际上并不是一种单一的能力，而是包含结构与意义等不同的方面。还有研究者根据词素获得的难易程度或者实验任务来对词素意识进行分类。Rubin（1988）将词素意识分成内隐和外显两个方面，内隐的词素意识指将词素规则运用到新词甚至句子的能力，外显的词素意识可以通过判断一个两词素词中的词根来考察。尽管不同研究者对词素意识的理解和看法不尽相同，但核心内容都包括了将词拆分成它的组成部分，并通过分析这些部分的意义来构建整词的词义（Carlisle，2000）。

Wang, Cheng, & Chen（2006）从测验的角度把测量词素意识的任务大致分为识别（identification）、区别（discrimination）、解释（interpretation）和操纵（manipulation）四类。其中，识别指的是识别出一个多词素词的构成词素的能力，例如，知道 unhappiness 是由 un-, happy 和 -ness 这三个词素构成的。区别指的是将词素与语义相似词、语音相似的另一个词素区别开来的能力，例如，知道"花钱"的"花"与"花费"的"花"是两个不同的词素。解释指的是儿童将有关派生词规则和复合词规则的知识应用于新的多词素词，以获得不熟悉多词素词意义的能力，例如儿童能将"斑牛"理解为"身上带有斑纹的牛"，就是运用了汉语复合词的规则。操纵指的是儿童运用派生词和复合词规则，产生符合语境的词，例如，要求儿童根据给出的线索词填空"The smoke in the room was very ____ (dense)"，儿童需要运用派生词规则产出合适的派生词 density。

Kuo & Anderson（2006）认为目前有关词素意识的定义比较混乱，他们对词素意识进行了比较全面的梳理和界定，并用了下图来全面阐释。

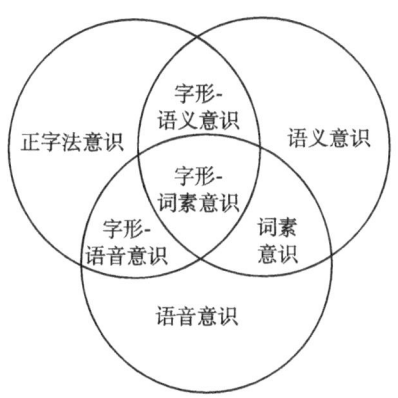

图1 不同元语言学意识之间的关系

从上图可以看出，元语言学意识主要由三部分构成：语音意识、正字法意识和语义意识（semantic awareness）。其中语音意识和正字法意识指的是反映和操纵一种语言的语音表征和正字法表征的能力。语义意识指的是有关语言中语义组织的知识。例如，动词的词义通常包含行为及其宾语（Nagy & Gentner，1990），理解一种语言中词义的模式可以促进建构不熟悉词的词义。

四个交叉的部分分别是字形语音意识（graphophonological awareness）、词素意识（morphological awareness）、字形语义意识（graphosemantic awareness）和字形词素意识（graphomorphological awareness）。字形语音意识指的是字素和音素之间对应关系的知识。字形语义意识指的是正字法如何对语义信息进行编码，以及正字法单元如何提供语义线索的知识，例如汉字的形旁能够提供一定的语义范畴线索。字形词素意识指的是在阅读中协调正字法信息、语音信息和词素信息的能力。真正的词素意识指的是操纵词素的能力和运用构词规则的能力。

另外，对词素意识的定义还受到所研究的语言特点的影响。英语中，一般把它看作对屈折词缀和派生词缀识别与运用的能力："作为对词素技巧的一种测量，我们考虑的是识别派生词缀的能力……"（Singson, Mahony, & Mann, 2000）。根据 Li, Anderson, Nagy, & Zhang（2002）的定义，汉语的词素意识包括三部分。一部分是形旁或声旁意识，即对字水平的结构的意识（例如，意识到"氵"的意思与"清"的字义存在直接的联系，"青"与"清"的发音一样）。第二部分是指对词的内部结构的意识。汉语大部分词都是复合词，很少有屈折词和派生词，因此，汉语词水平的词素意识主要指对复合词结构的意识。由于汉语存在大量的同音词素和同形词素，因此，词素意识的第三部分是指对同音词素和同形词素的区分能力。本研究集中于考察口语词素意识的发展，因而仅限于考察后两种词素意识，即词水平的词素意识。

二、儿童词素意识的发展

本节主要介绍词素意识不同方面的发展轨迹，以及词素意识和其他元语言学意识发展之间的关系。同时也会介绍词素意识研究中常用的一些方法，并加以点评。

目前，有关儿童词素意识的研究主要涉及屈折词、派生词和复合词这三类多词素词。早期语言发展的研究者观察到 2 岁儿童就已经发展起词素结构的意识。例如，儿童可以自己创造复合词来表达意义（如用 plant-man 来表示 gardener）或者改变一个词的语法结构来表示意义的改变（如用 crayoner 来表示用 crayons 的人）（Clark, 1995）。Byrne（1996）也发现与语音线索相比，学前儿童更容易感觉到词素线索。如果给出 small，儿童很容易就能辨别出 smaller 中的 -er，但如果给出 corn，儿童却不太容易辨别出 corner 中的 -er。儿童容易区别 cup 与 cups，却经常混淆 bug 与 bus，主要是因为儿童注意到 cups 是 cup 的复数形式。有关复合词词素意识的研究发现，儿童很早就能生造复合词来帮助交际的顺利完成，但总体来讲，有关复合词词素意识的研究还非常少，亟待进一步深入展开。下面我们分别从不同的词素类型的角度来描述儿童词素意识的发展。

2.1　屈折词词素意识的发展

英语儿童相关研究表明，屈折词素意识发展比较早，学前儿童已经能够基本掌握英语中一些常用的屈折词素。Brown（1973）追踪了 3 名儿童屈折词素的掌握情况，发现儿童说话时的平均句长（mean length of utterance，简称 MLU）达到 2 个词素时，就会逐渐开始给动词和名词增加屈折形式。Marcus 等人（1992）发现儿童在语言产生的过程中能够自发运用屈折词素的一些规则，自己创造一些屈折词，例如 goed，eated，mans，foots 等。研究发现儿童对屈折词缀的掌握经过三个发展阶段：第一阶段，儿童可以正确产生规则和不规则过去式；第二阶段，出现过度规则化的现象，将很多不规则词的过去式说成规则的（go—goed），给曾经能够正确说出的不规则过去式错误地增加规则的后缀的现象表明儿童已经意识到形成动词过去式的规律；第三个阶段，儿童可以自由运用规则过去式和不规则过去式（Pinker，1991；Pinker & Prince，1988）。通过对儿童口头语言中屈折词的使用情况进行分析，Pinker 等人认为，儿童的记忆里既有用来产生和理解规则屈折词的一些规则，又有用于理解与提取不规则过去式的联想记忆。

Berko（1958）首次采用实验手段系统考察了美国 4 岁到 7 岁儿童屈折词的词素意识。首先，给儿童呈现一个含有假词的句子，要求儿童给出假词的复数形式、过去式或现在进行式。每个项目都配有两幅图片。例如，给儿童看一个类似鸟的动物，然后给出两个同样的动物，同时，儿童听到这样一段话：This is a WUG. There are two of them，there are two ____。如果小孩已经发展起词素意识，应该回答"WUGS"。这就是后来被广泛应用的 WUG 测验。该研究的结果与 Brown（1973）追踪研究的结果一致，同时也得到随后一些实验研究的证实（Derwing & Baker，1979）。这些研究说明：美国 4 岁左右的孩子就已经具备一定的有关屈折后缀用途的知识，并能将这一规则运用于新词；屈折后缀的知识从学前到一年级有了显著的提高；小学低年级儿童已经基本掌握了屈折后缀的知识。

在其他一些拼音文字语言中，屈折词素意识也得到了系统的考察，比如法语（Casalis & Louis-Alexandre，2000）、土耳其语与塞波尼斯语（Fowler，Feldman，Andjelkovic，& Oney，2003）等等。这些研究一致发现，儿童在上学前就已萌发了屈折词的词素意识，并在小学低年级得到进一步完善。例如，在芬兰语中，因为单词较长且高度屈折，儿童在两岁半以前就能产出简单、常用的屈折形式，而到 5 岁时口语中出现的屈折形式已经接近成人使用的形式（Lyytinen，1987）。

研究者还比较了正常儿童和患有特殊语言障碍（Specific Language Impairment）的儿童屈折词的词素意识，发现有语言障碍的儿童可以正确运用不规则词素却不能正确运用规则词素，其表现是常常忽略掉规则过去式的屈折词缀（Leonard，McGregor，& Allen，1992；Oetting & Horohov，1997），而对不规则词很少犯过度规则化的错误（Marchman，Wulfeck，& Weismer，1999），这表明他们可以根据记忆来学习不规则过去式，却很难发现规则过去式的构词规律。

2.2　派生词词素意识的发展

从上文的综述中我们知道大部分儿童在 4 岁左右就已经掌握了一定的有关屈折后缀的知识，到小学低年级就已经基本上掌握了屈折形式。与屈折词词素意识的发展相比，派生词的词素意识不仅发展晚，而且从萌发到完全掌握需要经过多年的时间（Derwing & Baker，1979；Freyd & Baron，1982；Nagy，Diabkidoy，& Anderson，1993；Tyler & Nagy，1989；White，Power，& White，1989；Wysocki & Jenkins，1987）。Berko（1958）考察了学前和一年级儿童派生词的产生情况，结果发现他们能够利用屈折规则产生一些屈折词，但是却无法产生任何派生词。Derwing & Baker（1979）改进了 Berko 的方法，实验材料中也包括了更多的派生规则和更广的年龄范围，同样发现学前儿童无法产生所要考察的派生词。从小学低年级开始一直到成人，被试有关派生后缀的知识处于不断发展与提高中。

儿童有关派生词的结构和意义的知识从小学中年级开始逐步发展（Anglin，1993；Carlisle，2000；Tyler & Nagy，1989），但是直到中学这些知识还未发展完善（Mahony，1994；Nagy et al.，1993）。例如，Wysocki & Jenkins（1987）重点考察了小学阶段儿童通过词素扩展来产生派生词和词根词的能力。他们教给四、六、八年级儿童一些低频词，例如 sapient，stipulate，melancholic。两周后考察他们对与这些刚学会的词有派生关系的词语词义的掌握情况，例如 sapience，stipulation，melancholia，要求孩子们给这些词下定义。结果发现虽然六年级和八年级儿童的词素扩展能力比四年级儿童好，但是成绩仍非常低，在测验所包括的 6 个词语中，八年级学生也只能正确解释 2.4 个词。该结果说明，即使到了小学高年级与中学阶段，也还没有完全掌握派生词素和派生构词规则。

也有研究者认为，虽然儿童对派生后缀的掌握比对屈折后缀晚，但是学前儿童已经掌握了个别派生后缀（Bowerman，1982；Clark & Hecht，1982；Gordon，1989）。Bowerman（1982）追踪记录了她的两个女儿的自发言语，发现她们在学前能够正确产生前缀 un-。最初，这两个孩子都学会了一定数量的带有前缀 un- 的动词，例如 uncover，unfasten，但是还不能理解这些动词的词素结构。但是到 4 岁时，两个孩子都自发地生造出一些动词，如用 unstraighting 来代替"弯曲"（bending），用 unburied 来代替"挖出"，等等。这些生造的派生动词表明儿童从词素构成的角度对之前掌握的这类动词进行了分析，并总结出了前缀 un- 的构词规律。

派生词词素意识之所以出现较晚且发展缓慢，总结起来有以下几方面的因素：首先，与两类后缀的类型频率与使用频率有关，屈折后缀（例如 -ing，-ed，-s）数量少，而且使用频率高，所以容易获得，而派生后缀（例如 -able，-er，-ment）不仅数量较多，而且由这些词缀构成的派生词的整词频率相对较低（Mahony，Singson，& Mann，2000）。其次，与两类后缀的透明度有关，派生后缀一般会改变词根的语音和语义，使得词根与派生词之间的关系变得不易觉察，即语音和语义变得不透明（Fowler & Liberman，1995；Tyler & Nagy，1989）。研究者根据透明度把派生后缀分成两种，一种是中性后缀（neutral suffixes，例如 -able，-er，-ism，-ist，-ment），主要附着在自由词素后面，不改变词根的元音、辅音、重音。另一种是非中性后缀（non-neutral suffixes，例如 -ence，-ic，-ify，-ive，-ous），只加在少数词根后面，而且会改变词根的发音或书写形式。再次，派生后缀的能产性。能产性即词素或词缀的构词能力，能产的词缀构成的派生词或屈折词多，而不能产的词缀

41

构成的派生词或屈折词则较少。相应地，由能产的词根、后缀或者构词方式构成的词儿童容易记住（Clark & Cohen，1984；Gordon，1989）。但是能产性常常与透明度混淆。中性后缀一般能产性较好，例如，-ness 可以加在大部分形容词后面形成名词（complete → completeness，tender → tenderness）；而非中性后缀的能产性较差，只能用于少数词根后面。Carlisle（1988）在分析被试产生派生形式的过程中所犯的错误时发现，被试倾向于使用常见的、能产的，并且不需要语音变化的词缀。例如，给出一个动词（如 produce）及句子语境让被试说出词根的派生形式，被试通常会产生 producement 而不是 production。

Fowler 等人（2003）以塞尔维亚语儿童和土耳其语儿童为被试，试图区分能产性和语音语义透明度对词素意识发展的不同影响。这两种语言的派生后缀和屈折后缀都较能产，但是在塞尔维亚语中，派生词的语音透明度较屈折词的差，而在土耳其语中，两类词的语音透明度相当。结果发现，两种语言的儿童在屈折词上的成绩均好于派生词上的成绩。这个结果显然与能产性无关。该研究进一步计算了词素意识成绩与音位删除成绩之间的相关，结果发现，塞尔维亚语儿童音位删除成绩只与派生词的产生成绩相关，而土耳其语儿童的音位删除成绩与两类词的产生成绩均相关。因此，作者认为语音透明度在屈折词和派生词的学习中起更重要的作用。

Tyler & Nagy（1989）把派生词素意识分为三个方面：关系知识（relational knowledge）、句法知识（syntactic knowledge）和分布知识（distributional knowledge）。关系知识指的是能够识别出两个词之间是否具有词素上的联系，例如 teach 和 teacher 具有词素上的联系，而 bash 和 bashful 仅仅是语音相似，没有词素上的联系。句法知识是能够意识到派生后缀具有改变词根词性的功能，例如，动词 teach 加上后缀 -er 就成为名词 teacher。分布知识指的是知道词根的句法范畴对所附着后缀的限制，例如后缀 -ness 只能附着在形容词后面，而不能附着在动词后面。

关系知识是研究者考察最多的词素意识之一，也是一种最基本的词素意识。探测关系知识最普遍的一种任务是由 Derwing（1976）首次使用的"comes from"任务。该任务一般的范式是给儿童一对词，然后问他们第二个词是不是从第一个词来的，例如"player 是不是从 play 这个词来的？"。另一个任务是分解任务（segmentation task），要求儿童识别派生词的词根。采用这两个任务的来自不同语言的研究，例如，英语（Carlisle，2000；Ku & Anderson，2003；Mahony et al.，2000）、法语（Casalis & Louis-Alexandre，2000）和汉语（Ku & Anderson，2003）等均发现，儿童的词素关系知识随年级的升高而提高（从二年级到六年级）。

2.3 复合词词素意识的发展

有关英语儿童的研究发现，学前儿童就已经掌握了一定的复合规则。Berko（1958）利用假词材料发展了三项测验来考察美国 4 岁到 7 岁儿童产生派生词的能力，结果意外地发现超过一半的儿童用复合词来代替派生词。例如，要求儿童说出非常小的 wug，没有一个儿童用比较级来表示，但是有 52% 的儿童用复合词 babywug 或者 little wug 来表示。Derwing & Baker（1979）采用类似 Berko（1958）的任务，考察了儿童派生词和复合词的产生情况，结果也发现将近一半的学前儿童（47%）可以产生复合词，但是没有儿童能够产生派生词。这些研究结果表明，学前儿童对复合构词规则的掌握比对派生构词规则的掌握早。

实际上，研究者发现两岁儿童就已经开始使用复合词了，虽然最初的复合词可能是通过反复记忆获得的，但是他们确实很早就开始分析和创造复合词了。有些父母日记记载了幼儿对复合词结构的了解，以及为了弥补交际过程中由词汇缺乏造成的交际障碍而将词根组合起来生造复合词的情况。Clark 及其合作者开展了一系列研究，系统考察了儿童对复合词构词规则的掌握情况（Clark，1981；Clark & Berman，1987；Clark，Gelman，& Lane，1985；Clark & Hecht，1982；Clark，Hecht，& Mulford，1986）。他们不仅分析了学前儿童已经掌握的复合词的特征，还重点分析了两三岁儿童为了弥补词汇的不足而生造的复合词。例如，2 岁儿童常常用 car-smoke 来表示尾气（exhaust），用 house-smoke 表示从烟囱出来的烟，用 fix-man 表示汽车修理工（car mechanic）。这些生造的复合词表明该年龄段的儿童已经掌握了一定的复合词的构词规律。

除了分析儿童自发言语中产生的复合词和生造复合词之外，Clark及其同事还采用了一些实验研究来诱发儿童产生复合词，结果发现 3 岁儿童就能产生符合实验预期的复合词，例如用 pumpkin-house 指称"用南瓜盖的房子"的图片，用 horse-truck 指称"载有马的卡车"的图片（Clark et al.，1985；Clark & Hecht，1982）。3 岁儿童生造的复合词一般是比较简单的名词和名词结合而成的复合词（noun-noun compound），直到 5 岁以后才能产生复杂的复合词，例如其中一个词根是派生词的复合词 paper-ripper，ball-kicker 等（Clark et al.，1986）。

2.3.1 儿童对熟悉复合词的理解

从上文的介绍中我们知道，儿童不仅能够理解从未听过的复合词，而且自己还能编造复合词，说明他们很早就已掌握了复合词的基本结构。但有研究发现，理解了基本的构词规则并不表示儿童能够运用复合词的构词规则分析所有已知的复合词。例如，我们前面提到过的 Berko（1958）的研究，发现说英语的 4 到 7 岁儿童在解释像 birthday（生日）这样的熟悉复合词时表现出很大的困难。儿童在解释词义的过程中通常提到复合词整词的主要功能或者凸显的特征，但不会把两个构词词素联系起来。不过，该实验存在缺陷，材料中将近一半的复合词是不透明的，例如 breakfast（早饭），handkerchief（手绢）这样的词，即使是成年人也很难将两个构词词素联系起来进行解释。

儿童对复合词的分析受到复合词以及构词词素特点的影响。构词词素的家族数是其中一个很重要的影响因素。由家族数较大的词素构成的复合词，由于组合模式比较凸显，因此儿童比较容易发现其中的构词规则，从而对复合词做出正确的分析。Clark（1993）记录了一个 2 岁多的幼儿造出了 water cake 这样的复合词，并且解释说是"在水里的饼干"。这一方面因为 water 与 cake 都可以作为独立的词语出现在儿童的口语中，是我们在前面提到的自由词素，而且是儿童日常生活中经常使用到的词语；另一方面也因为其中一个词素 cake 的家族数非常大，能够构成很多口语中常用的复合词，例如 lemon cake（柠檬蛋糕），coconut cake（椰子蛋糕），pound cake（奶油蛋糕），layer cake（夹心蛋糕），cup cake（杯形蛋糕），griddle cake（煎饼），pancake（薄饼）等等。因此，2 岁儿童造出 water cake 这样的词也就不足为奇了。

一些实验研究也证明了构词词素的家族数对儿童了解复合词的结构有重要作用。Krott & Nicoladis（2005）要求3到5岁的儿童解释一些名—名复合词的意思，构成这些复合词的名词的熟悉性比复合词本身要高。实验的主要目的是看儿童是否能够理解构成复合词的两个词素之间的关系，因此，如果儿童把"apple tree（苹果树）"解释为"是长苹果的树"就能得分，而如果儿童把"hospital bed（病床）"解释为"是白色的，上面铺着一层纸"则不会得分，因为没有提及任何一个构词词素。结果发现对于不熟悉的复合词，修饰成分与中心词素的家族数均影响儿童解释复合词的得分；但是对于熟悉的复合词，则只发现了修饰成分的家族数效应，而未发现中心词素的家族数效应。Nicoladis & Krott（2007）采用中心词素在左，修饰成分在右的法语复合词也得到了类似的发现，进一步肯定了修饰成分的重要作用。作者认为修饰成分的家族数效应源于其在复合词中的语义作用，即修饰成分具有区别特征的作用，能把共有同一个中心词素的两个复合词区别开来。例如，咖啡杯与茶杯都是杯子，但"咖啡"和"茶"这两个修饰成分标明这是功能不同的两种杯子。

▓ 2.3.2　儿童对陌生复合词的理解与产生

除了能够分析熟悉的复合词，研究还发现3岁左右说英语的儿童能够根据构词词素来推测不熟悉复合词的词义。Clark等人（1985）考察了不同年龄段的英语儿童对陌生复合词的理解，重点考察他们对修饰成分和中心词素之间的关系的理解。该研究采用的是词图匹配任务，即给儿童说一个他们从未听过的复合词，然后给出4张图片，让儿童从中选出最能够代表听到的复合词的图片来。他们为这些复合词设计了两类选项，我们分别以两个例子来说明。第一类以apple knife（苹果刀）为例，4个备选图片分别为：1. a knife（一把刀子），即中心词素所指的名词；2. an apple（一个苹果），即修饰词素所指的名词；3. apple tree（苹果树），即与修饰词素有关的名词；4. an eggbeater（一个打蛋器），即与中心词素有关的名词。第二类以mouse hat（鼠帽）为例，4个备选图片分别为：1.a hat（一顶帽子），即中心词素所指的名词；2. a mouse（一只老鼠），即修饰词素所指的名词；3. a hat with a mouse on it（一顶上面有一只老鼠的帽子），即修饰词素与中心词素组合而成的；4. a hat with a fish on it（一顶上面有一条鱼的帽子），即与目标复合词有相同的中心词素、不同的修饰成分的。被试为 2 岁到 6 岁的五组儿童，结果发现，2 岁儿童的正确率略低于 50%（第一类与第二类的平均正确率分别为 48% 与 49%），3 岁儿童的正确率有了显著提高，两类材料的正确率分别为 82% 与 85%，4 岁儿童已经很少犯错误了，他们的正确率超过了 90%（两类材料的正确率分别为 92% 与 96%）。该研究结果表明，说英语的 2 岁儿童开始能够理解由熟悉词素构成的不熟悉复合词的词义，到 3 岁左右有了长足的发展。

但是，Clark 等人并未从词素意识发展本身的角度去讨论上述结果的意义，而是把儿童对陌生复合词词义的理解能力和概念表征的发展联系起来，即认为上述结果体现了基本层次的概念与相应的下位概念的发展。比如"刀"是处于基本层的概念，而"水果刀""菜刀"等则是它的下位概念。如果儿童能够正确识别出"苹果刀"是一种刀，或者"苹果刀"是用来切苹果的刀，那就说明他们逐渐建立起了层级的概念组织，了解到了复合词所指的是中心词素概念下的亚范畴，例如知道了"菊花""桂花""梨花""鲜花"等名称，同时也学会了"花"这个基本层次范畴的概念，儿童就会逐渐理解"菊花""桂花"等与"花"之间的上下位关系。

其实，儿童对陌生复合词词义的理解和猜测是一种最基本的词素意识。Carlisle（2000）认为，词素意识最基本的一个方面是将词分成它的组成部分，通过分析这些部分的意义来构建整词的词义。因此，Clark 等人的研究结果表明英语儿童的复合词词素意识在 2 岁左右就已萌发。遗憾的是，该研究在词素意识研究领域并未引起足够的重视。将近二十年过去了，才有研究者逐渐开始关注复合词的词素意识。

Nicoladis（2003）也设计了迫选任务，重点考察了儿童何时才能理解复合词的词义是构词词素以一定的语义关系结合而成的，而非两个构词词素的简单合并，因此在选项的设置上与 Clark 等人（1985）的研究略有不同。以 fish shoe（鱼鞋）为例，给儿童看的 4 幅图片分别为目标所指，即上面画有鱼的鞋，以及另外 3 幅干扰图片：一条鱼（修饰词素）、一只鞋（中心词素）、被鱼围绕的一只鞋（修饰词素与中心词素并列而成）。3 岁和 4 岁儿童基本上能选出目标图片，选择比例分别为 52.2% 与 67.5%。但是选择并列图片的比例也比较高，分别为 35.4% 与 30.2%。该结果表明，虽然 3、4 岁的说英语的儿童能够意识到复合词的词义是构词词素语义的融合，但是这种意识相对来说还比较薄弱。

2.3.3 修饰成分与中心语语义关系的习得

无论对熟悉复合词还是对陌生复合词的理解，都反映了儿童已经逐渐意识到复合词的词义是构词词素词义的融合。上文提及的研究均发现，面对不熟悉的复合词，例如"苹果刀"，儿童会选择"刀"作为它的主要词义，认为它是一把刀，表明他们意识到复合词的中心词素表示的是复合词所属的语义范畴。随着儿童逐渐发展出分析与操纵修饰词素与中心词素的能力，有关修饰词素和中心词素之间的语义联系的知识就逐渐浮现出来了（Berko，1958；Nicoladis，2003）。研究还发现，学前儿童在解释复合词的意义时，无论是中心词素在右边的英语（Krott & Nicoladis，2005），还是中心词素在左边的法语（Nicoladis & Krott，2007），均更愿意在解释的过程中明确指出修饰语来。作者认为学前儿童已经对复合词有了一定的了解，认为复合词指的是基本概念下的亚范畴概念，而修饰词素正好表示的是亚范畴，因此指出修饰词素更重要。

2.3.4 复合词词素意识的跨语言比较

事实上，并非所有语言中儿童复合词词素意识都发展较早，这还要看复合这样的构词方式是否在该语言中占主要地位。在英语、瑞典语和荷兰语等语言中，复合结构是非常能产的构词方式，因此学习这些语言的儿童在学前阶段，大约 3～4 岁就已经掌握了复合词的构词规则，他们不仅能理解不熟悉的复合词，而且能在语言交际中生造复合词，以达到交际目的，同时，也能很好地完成生成新复合词的实验任务（Clark，1993；Clark et al.，1985；Mellenius，1997；Nicoladis，2003）。例如，3 岁左右英语儿童就能够根据主试的引导而造出符合实验预期的复合词来，说瑞典语的儿童 4 岁左右就能够利用主试提供的线索说出复合词来（Clark et al.，1985；Mellenius，1997）。而在希伯来语和法语等语言中，复合构词并不普遍，学习这些语言的儿童不仅自发产生复合词的年龄较晚，而且对陌生复合词的理解也较差。例如，说希伯来语的儿童大约到4岁时才能利用词素分析去获得陌生复合词的词义（Berman & Clark，1989），5岁才能自发产生一些复合词（Clark & Berman，1987）。

汉语的词汇构成主要以复合结构为主，研究发现，汉语儿童复合词词素意识的发展明显优于英语儿童。Ku & Anderson（2003）比较了台湾和美国两地2、4、6年级儿童派生词词素意识和复合词词素意识的发展情况，结果发现在复合词词素意识上，汉语儿童比英语儿童发展好，而在派生词词素意识上，英语儿童比汉语儿童发展好。该研究为词素意识的跨语言差异提供了非常好的证据。复合构词在其他语言中并非主导的，或者说并非能产性很强的构词方式，但它是汉语中主要的构词方式，然而有关汉语儿童复合词词素意识发展的研究却寥寥无几。

上述研究说明，虽然儿童入学后有关复合词的知识还会继续增长，但是学前儿童已经掌握了相当的复合词的构词规则，这不仅体现在对陌生复合词的理解上，也体现在复合词的产生中。虽然汉语词汇的构成以复合为主，但是迄今为止，有关汉语儿童复合词词素意识的研究还非常有限。因此，希望本文的研究能增进大家对汉语儿童复合词词素意识的了解。

2.4　小结

从上面的文献综述我们了解到儿童在上学前就可以掌握很多基本的屈折词素，到小学低年级，儿童基本能够掌握主要的屈折规则（Berko，1958；Brown，1973；Derwing & Baker，1979；Marcus et al.，1992）。而派生词词素意识不但出现较晚，而且需要经过一段相当长的时间才能发展完善（Berko，1958；Derwing，1976；Derwing & Baker，1979；Freyd & Baron，1982；Tyler & Nagy，1989；Wysocki & Jenkins，1987）。儿童在学前阶段和小学低年级已经初步掌握了少量派生词缀的知识（Gordon，1989），直到小学高年级以后，儿童对派生词缀的掌握才有了长足的进步（Tyler & Nagy，1989）。

与屈折词词素意识和派生词词素意识的研究相比，复合词词素意识受到的关注较少。但是已有研究发现，虽然儿童入学后有关复合词的知识还会继续增长，但是学前儿童已经掌握了相当的复合词的构词规则，这不仅体现在对陌生复合词的理解上，也体现在复合词的产生中。（Berko，1958；Clark，1981、1983a；Clark et al.，1985；Clark & Hecht，1982；Derwing & Baker，1979）。

总体来看，目前有关儿童词素意识发展的研究较少，而且已有研究主要集中在派生词和屈折词词素意识的发展上。两类词的词素意识有不同的发展速度，屈折词的词素意识发展较早，而且速度快，而派生词的词素意识发展较晚，而且获得的过程漫长。其原因主要在于屈折词的词缀能产性强，而且数量少，而派生词词缀不仅数量多，能产性相对来说也较差，同时还存在词根和整词之间语音和语义透明度差的问题。

上述屈折词、派生词以及复合词词素意识在发展上的差异说明，不同类型的多词素词由于内部结构等因素的不同，存在不同的发展速度与趋势。汉语中的大部分词都是由词根和词根组合而成的复合词，只有一少部分是由词根和词缀构成的附加词，两个词根在复合词的习得中各自起什么样的作用？而且汉语中自由词根和黏着词根的数量相当，这两类词根的获得是否存在一样的规律？复合词词素意识的发展有什么规律呢？与派生词和屈折词的词素意识的发展有哪些异同？遗憾的是很少有研究者对这些问题进行研究。这些问题的探讨既可以丰富有关儿童词素获得以及词素意识发展的理论，同时也可将研究结果与派生词和屈折词的词素意识发展的研究成果进行比较，凸显汉语复合词词素获得和词素意识发展的特殊规律。

三、词素意识与词汇量发展的关系

词汇知识是读写能力发展的基础，它的好坏直接影响学业的成功与否（National Reading Panel，2000）。词汇量大、词汇知识丰富的儿童无论是口语还是书面语的学习成绩都优于词汇量小、词汇知识贫乏的儿童（Biemiller，2005），因此在学前和小学阶段扩大儿童的词汇量、丰富儿童的词汇知识是保证他们读写能力顺利发展的一条基本途径。那么，如何能够有效提高儿童的词汇量与词汇知识呢？其中一个主要手段是促进儿童词素意识的发生与发展。

儿童的词汇知识主要通过两个途径获得，一个是课堂上老师的直接教学，另一个是儿童在完成其他学科活动以及课外阅读等活动时的伴随性获得。研究者广泛认为后一部分词汇知识的获得很大程度上是因为儿童具备了词素（或构词）意识，因此可以学会大量没有教过的词语（Anglin，1993；Carlisle & Fleming，2003；Nagy & Anderson，1984）。例如，Anglin（1993）提出了词素问题解决（morphological problem solving），即对从未见过的复杂词的理解加工过程，包括词素分析（analysis）和意义合成（synthesis）两个子过程。意义合成中，学习者把分离出来的构词词素的意义组合起来，根据词素意义和构词规则来推测整词的词义。例如 musician，如果根据形音对应规则来分析，它是一个不规则词，如果把它分析成词根 music 和后缀 -ian，则很容易理解了：-ian 用在名词后面，表示"……人"。从这一点来看，词素意识对词汇量增长的积极作用就显而易见了。当儿童遇到包含多个词素的生词时，词素意识已经发展起来的儿童就可以把生词分解为构词词素，并根据它们的意思对生词的意思进行合理的推测。目前研究者一致肯定词素意识在儿童词汇发展中起着重要作用（Che，Hao，Geva，Zhu，& Shu，2009；McBride-Chang，Cheung，Chow，Chow，& Choi，2006；McBride-Chang et al.，2005；Nagy & Anderson，1984；White et al.，1989）。Sandra（1994）也提议："词素是促进多词素词学习及记忆的有力的装置。"同样，Carlisle（1995）也提出了类似的看法："词素意识之所以如此重要是因为词素分解和问题解决是儿童理解和学习课本中遇到的大量派生词的唯一途径。"还有研究发现儿童的词素意识与新词学习存在很大的关系。据 Nagy & Anderson（1984）估计，学生在课文里遇到的生词中有 60% 可以通过分析词素以及在句子中的使用而达到理解意义的目的。

后期的一些研究还发现，早在上学之前，学前儿童的词素意识与词汇量发展之间的关系就非常密切了。例如，McBride-Chang 等人（2005）考察了说英语的幼儿园与二年级儿童词素意识与词汇发展之间的关系后发现，在控制语音意识、发音技能与词汇识别成绩的影响后，词素意识可以解释词汇发展大约 8% 的变异。McBride-Chang 等人（2008）采用追踪研究考察了汉语、粤语和韩语儿童词素意识与词汇知识发展之间的关系。追踪研究进行了大约一年，追踪开始时，儿童的年龄在 4 岁左右，结束时儿童的年龄在 5 岁多。前测与后测采用的词汇知识测验均为下定义，词素意识测验为根据主试描述与熟悉词素构建新复合词。结果发现，在控制年龄与前测中词汇知识的成绩之后，这三个地区儿童的词素意识均可以预测他们在一年后的词汇知识成绩，而且前测中词汇知识的成绩也可以预测一年后词素意识的成绩。这说明词素意识与词汇量发展之间是相辅相成、互相促进的。

还有一些研究发现了词素意识与多词素词的阅读成绩之间存在很强的联系（Carlisle，2000；Nagy，Berninger，& Abbott，2006；Nagy，Berninger，Abbott，Vaughan，& Vermeulen，2003）。例如，Nagy 等人（2006）发现四至八年级的英语儿童的词素意识与多词素词的解码成绩之间的相关比词素意识与单词素词成绩之间的相关紧密得多，这一结果表明儿童在学习理解与记忆多词素词的时候，借助于词素意识，对多词素词的内部结构进行了分析。

综上所述，词素意识不仅对儿童口头词汇量的发展具有重要作用，而且还能够预测上学后儿童书面词汇的阅读成绩。词素意识起作用的一个重要途径是通过分析不熟悉多词素词的内部结构而获得生词的词义，词素意识发展较好的儿童能够在阅读和听故事等活动中对不熟悉的词语进行快速分析，从而获得生词词义，并在随后的多次接触中学会这个词语。

四、词素意识对读写能力发展的影响

我们在前文说过，儿童在语言和读写能力发展的过程中，会逐渐形成对所学的语言和文字系统内在规则的认识。如果儿童在学习阅读和拼写的过程中善于利用这些规则，那么其学习阅读和拼写的过程就会大大缩短。儿童对正字法或字形词形中所包含的语音规则、字母组合的规则，以及意义单元的敏感性或意识，就是我们通常所说的语音意识、正

字法意识和词素意识。大量研究发现，这三种意识与读写能力的发展
存在紧密联系，若其中任何一个存在缺陷，都会导致阅读或者拼写困
难（Badian，1993；Shankweiler et al.，1995；Snow，Burns，& Griffin，
1998）。语音意识，即通达口头词语的语音单元的能力，是阅读和拼写
发展的核心成分（Adams，1990；Goswami & Bryant，1990；Snow et
al.，1998）。也有大量的证据支持正字法知识，即文字的视觉和正字法
方面的规则性的知识，对于读写能力发展的重要性（Cunningham & Sta-
novich，1990；Wolf & Bowers，1999）。

　　Brittain（1970）首次展现了词素意识与阅读成绩之间存在显著关
系，其所用的词素意识的任务改编自 Berko（1958）的 WUG 任务。在
随后的几十年，大量研究发现了词素意识与阅读发展之间的关系
（Carlisle，1995；Carlisle & Nomanbhoy，1993；Deacon & Kirby，
2004；Mahony，1994；Singson et al.，2000）。研究所涉及的语言包括
英语（Carlisle，2000；Deacon & Kirby，2004；Mahony et al.，2000）、
法语（Casalis & Louis-Alexandre，2000；Deacon，Wade-Woolley，& Kirby，
2007）、荷兰语（Rispens，McBride-Chang，& Reitsma，2008）、韩语
（Cho，McBride-Chang，& Park，2008）、汉语（Ku & Anderson，2003；
Li，Anderson，Nagy，& Zhang，2002；Shu，McBride-Chang，Wu，&
Liu，2006；Wang et al.，2006）等等。研究对象包括小学低年级儿童
（Carlisle & Nomanbhoy，1993；Casalis & Louis-Alexandre，2000；
Mahony et al.，2000）、小学中高年级儿童（Leong，1989；Tyler &
Nagy，1989），以及中学生和大学生（Mahony，1994）。这些研究一致
发现，词素意识对儿童阅读成绩的发展具有一定的预测作用：词素意识
发展较早较好的儿童，他们的阅读成绩的发展也较早较好。但是目前学
术界对词素意识与读写能力发展的关系并不是毫无疑义的，在词素意识
是否具有独立的预测作用以及词素意识作用的阶段等问题上，存在一定
的争论。

4.1　词素意识是否具有独立的预测作用

　　语音意识对阅读的贡献得到了研究者的公认（Wagner & Torgesen，

1987）。在拼音文字语言中，因为音节意识和音素意识是将一个多词素词分解为构词词素的前提条件，而且很多研究也确实发现了语音意识和词素意识之间存在较高的相关（Casalis，Colé，& Sopo，2004；Nagy et al.，2006），语音意识较好的孩子对词素关系的理解也较好（Carlisle & Nomanbhoy，1993；Fowler & Liberman，1995；Shankweiler et al.，1995），因此有研究者开始质疑：词素意识对阅读的贡献是不是仅仅反映了语音意识对阅读的贡献，词素意识本身对阅读的发展有没有独立的贡献呢？研究者对这一问题存在不同的看法。

　　一种观点认为词素意识是从属于语音意识的，因此对读写能力的发展没有独立的作用。例如，Stanovich & Seigel（1994）考察了三年级儿童语音意识、工作记忆和句法加工（主要是屈折词的词素意识）与阅读之间的关系，发现语音意识是阅读能力最强的预测因素，词素意识也可以预测儿童的阅读成绩，但在控制语音意识和工作记忆的影响后，词素意识的预测作用消失了，因此认为词素意识对阅读并没有独立的贡献。Carlisle & Nomanbhoy（1993）考察了一年级儿童的语音意识（音节删除、音位删除）与词素意识（判断两个词的关系、产生正确的词）的关系，发现这两种意识不但相关很高，而且语音意识对阅读变异的独立贡献比词素意识对阅读的独立贡献大得多（语音意识与词素意识的独立贡献分别为33%与4%）。这些研究说明，语音意识的发展为词素意识的发展奠定了基础，因为一定的语音组合表征一个词素，识别这些在语流中反复出现的语音单元先于表达一定语言学功能的词素单元。Fowler & Liberman（1995）比较了熟练读者与不熟练读者在词素任务上的差异。词素意识所用的任务是根据给定词语与句子语境产生一个合适的词语并填入句中的空白处，一半项目是给出词根让被试产生合适的派生形式[①]，另一半项目是给出派生词让被试产生合适的词根[②]。每组项目既包括语音中性的词对（如，help/helpful），也包括词根语音发生改变的非中性词对（如，five/fifth）。结果发现，熟练读者与不熟练读者在语音中性词对上的正确率无显著差异，但是在非中性词对上熟练读者的正确

---

① 例如 "Four. The big racehorse came in _____"。
② 例如 "Fourth. When he counted the puppies, there were _____"。

率显著高于不熟练读者。作者认为不熟练读者在非中性词对上的较低正确率是由他们在语音水平上的缺陷造成的，因为如果不熟练读者对词素关系不敏感，那么他们在语音中性词对上的正确率也应低于熟练读者。Fowler & Liberman（1995）认为 Carlisle & Nomanbhoy 的结果与他们的研究结果一致，都说明了语音意识对儿童阅读发展的重要性，以及词素意识对阅读发展所起的作用是通过语音意识来实现的。例如，患有阅读障碍的儿童，他们的阅读问题主要是由语音意识缺陷引起的，而不是词素意识上的缺陷。

另一些研究者则提出了反对意见，他们认为词素意识是有可能独立发挥作用的，而且词素意识很可能和语音意识一样，是儿童读写能力发展中不可或缺的一种元语言学意识（Arnbak & Elbro，2000）。虽然在 Carlisle & Nomanbhoy（1993）的研究中，词素意识对阅读发展的贡献非常小，但是也达到了统计上的显著，因此不能否认词素意识对阅读发展的重要作用。事实上，后来越来越多的研究证据显示了词素意识对阅读发展的重要作用。这些研究中，一部分比较了词素意识与语音意识各自对阅读的贡献，从而肯定了词素意识对阅读发展的重要作用。例如，Carlisle（1995）测试了一年级时儿童的语音意识与词素意识（词素产生与词素判断），二年级时儿童的阅读理解与词语分析，其中词语分析的任务是要求儿童从四个选项中找出具有某个特定语音的词语，例如起始音为 /s/ 的词语。实验的目的是考察一年级时的语音意识与词素意识是否对二年级时的阅读成绩具有预测作用，以及是否能够预测阅读发展的不同方面。语音意识采用的任务是音位删除；其中一个词素意识的任务是词素产生任务，即给出词根和句子语境，要求儿童在句中填入合适的派生词或者屈折词，另一个任务是考察儿童对词素关系的理解，要求儿童判断句子是否正确，主要是判断句中的两个词语是否具有词素关系①。结果发现，一年级时的词素产生成绩对二年级时的阅读理解成绩具有独特的预测作用，虽然一年级时的词素产生成绩与语音意识成绩对二年级时的词语分析成绩均具有独立的预测作用，但是语音意识的作用超过了词素意识的作用。该研究不仅说明了词素意识对阅读发展有自

---

① 例如 "A person who teaches is a teacher versus A person who makes dolls is a dollar"。

己独特的贡献，而且说明词素意识与语音意识作用于阅读发展的不同方面：语音意识对于词语分析更为重要，而词素意识对于阅读理解更为重要。

另一部分则是在控制语音意识的影响后看词素意识是否具有独立的贡献。例如，Kirby，Deacon，Bowers，Izenberg，Wade-Woolley，& Parrila（2012）对一组被试进行了为期三年的追踪研究，分别考察了在控制儿童非言语智力、词汇量及语音意识的影响后，不同时期的词素意识对阅读的几个不同方面的贡献。其中，非言语智力与词汇量的成绩来自幼儿园时期，语音意识的成绩来自一年级。词素意识的任务为词语类推，先给出一个词根及其派生形式或者屈折形式，然后给出另一个词根，要求被试提供该词根的派生形式或者屈折形式①，儿童在一到三年级均参与了该项测验。该研究对于阅读的考察是多方面的，具体包括：假词阅读、词语识别、词语阅读速度、篇章阅读速度以及阅读理解。阅读不同方面的成绩来自三年级。结果发现，在控制言语智力（词汇量）与非言语智力，以及语音意识的影响之后，一年级时的词素意识对阅读的上述各个方面均无显著贡献，而二年级时的词素意识对除了词语识别之外的其他几个方面均有显著贡献（其独特贡献在 3% ~ 4% 之间），三年级时的词素意识对阅读的各个方面均有显著贡献，而且其独特贡献比二年级时略有增加，在 3% ~ 6% 之间。该研究结果表明，词素意识有助于儿童阅读能力各个方面的发展，能够提高词语阅读的准确性（词语识别）与速度（词语阅读速度），还能够提高阅读理解的速度（篇章阅读速度）与准确性（阅读理解）。

4.2　词素意识的预测作用是否会随着年级的升高而增强

目前的研究者基本上承认了词素意识对于孩子读写能力的发展具有独特的贡献，并且对词素意识的作用有了更深入的认识：语音意识和词素意识的相对作用会随学习者阅读能力的发展而改变。在小学中后期，词素意识对阅读发展的作用逐渐开始体现并进一步加强，甚至超过了语

---

① 例如 "run: ran" "walk: _____"。

音意识的作用（Deacon & Kirby，2004；Mohany et al.，2000；Singson et al.，2000）。例如，Singson 等人（2000）考察了美国三到六年级儿童词素意识和语音意识对阅读（假词阅读成绩与真词阅读成绩）的贡献后发现，语音意识随着年级的增高失去了对阅读的预测作用，与之相反，词素意识对阅读的预测作用在四年级以后则稳步上升。Casalis & Louis-Alexandre（2000）也发现法语一年级儿童的词素意识对阅读理解成绩没有显著作用，但是到二年级，在控制了智力和词汇量的影响后，词素意识依然可以解释阅读理解成绩 35% 的变异。Carlisle（2000）也发现词素意识对阅读理解成绩的作用随着年级升高而增大：三年级英语儿童的词素意识能解释阅读理解成绩 43% 的变异，而到了五年级能解释的变异增加到 53%。

但是，近年来也有研究并未发现词素意识对阅读成绩的预测作用会随着年级的升高而增强。例如，Roman，Kirby，Parrila，Wade-Woolley，& Deacon（2009）考察了四、六、八年级的儿童的元语言学意识与阅读发展的关系，结果发现在控制语音意识、快速命名成绩和正字法知识对阅读的影响之后，词素意识可以预测真词阅读成绩与假词阅读成绩；但是词素意识与年级的交互作用不显著，也就是说词素意识对阅读的预测作用并没有随着年级的不同而发生改变。造成这种不一致结果的可能原因是 Roman 等人（2009）的研究中所选的被试都是三年级以上的。一般在拼音文字语言阅读发展中，三年级以下以词汇识别为主，三年级以上以阅读理解为主。而词素意识与阅读成绩之间关系发生改变的时间也在这个转折点，很可能到四年级之后，词素意识与阅读之间的关系就逐渐趋于稳定了。

4.3　词素意识的作用与语言特点的关系

语音意识和词素意识的相对作用，还与所研究的语言的特点以及测量词素意识所用的任务密切相关。McBride-Chang 等人（2005）分别对北京、香港以及韩国和美国部分地区的二年级儿童进行了语音意识、词素意识、词汇和词语识别的测试。结果发现词素意识与阅读的相关，在汉语中为 0.27，粤语中为 0.23，韩语中为 0.21，而英语只有 0.06。英语儿童的结果似乎与上文提到的一些研究结果相左，其主要原因在于该研究所采用的实验任务。她们采用的实验任务主要用来测量复合词的结构意识，首先用复合词的构成词素对复合词进行描述，然后替换掉其中一个词素，并给出相应的描述，任务是要求被试在听到新的描述之后给被描述的物体起个名字。例如"篮球是把球扔进篮子里的游戏。我们有一种新游戏，是把球扔进桶里，请你给这种新游戏起一个名字"，合适的答案应该是"桶球"。汉语与粤语复合的构词方式非常发达，因此词素意识与阅读成绩的相关超过了语音意识与阅读成绩的相关；韩语虽然是一种拼音文字语言，但复合构词也非常普遍，因此词素意识和语音意识与阅读成绩的相关都高，分别为.21与.39；而英语虽然复合词也比较多，但复合并非主要的构词方式，因此词素意识与阅读之间的相关不显著。

另外一个例子来自 Rispens 等人（2008），该研究考察了屈折构词意识、派生构词意识（一年级没考察）和复合构词意识对荷兰一年级和六年级儿童阅读能力发展的作用。结果发现，在排除了语音意识、词汇量和年龄的影响之后，屈折词素意识能够预测一年级儿童的单词识别成绩，而派生词素意识可预测六年级儿童的单词识别成绩（屈折词素意识对六年级阅读失去了预测作用），但是复合词素意识对这两个年级儿童的单词识别成绩均无预测作用。作者的解释是复合的构词方式在荷兰语中不如汉语或韩语那么普遍。

4.4　小结

从上文的介绍中我们知道，词素意识在扩大儿童的词汇量，丰富儿童的词汇知识，提高儿童的读写能力中起着非常重要的作用。而且词素意识对儿童读写能力发展的贡献主要体现在小学中年级之后。同时，不同类型的词素意识与词汇量、读写能力的关系会随着儿童的发展以及所学习的语言类型的不同而呈现出不同的关系，例如，屈折词词素意识对芬兰语儿童早期词汇和读写能力的发展起着重要作用，而派生词词素意识对英语儿童中年级之后的读写能力发展起的作用更大，复合词词素意识对汉语、粤语和韩语儿童的词汇积累起重要作用，但是对英语低年级儿童词汇量的积累作用甚微。

由于对不同语言类型中词素意识所包含的不同层面及其特点等问题缺乏全面的认识，因此目前有关词素意识与词汇量、读写能力的关系的研究未能深入进行下去，对不同方面词素意识对词汇量、读写能力发展的作用等问题仍缺乏足够的认识。因此，目前研究界急需结合不同语言的特点对词素意识的内涵和层面进行详尽的研究。

但遗憾的是，学界目前对词素意识的自身发展还没有给予足够的重视，虽然也得出一些一般性的结论，比如，派生词素意识的发展比较缓慢，受词根与派生词之间语音透明度的影响，屈折词素意识的发展比较早，其发展有一个过度规则化的过程（Brown，1973；Pinker & Prince，1998；Pinker，1991）。但词素意识包括哪些方面，每个方面是怎么发展起来的，什么因素影响儿童词素意识的发展等问题还缺乏细致深入的探讨。

词素本身包括很多方面，同时词素在不同语言中的表现形式也不同。例如，希伯来语屈折词素非常丰富，而汉语中绝大多数是词根，很少有词缀，英语则既有屈折词缀，又有派生词缀，还有自由词根和黏着词根。那么，不同语言对应的词素意识的内涵也不一样。因此需要更多跨语言的研究来考察词素意识发展的普遍规律和富有语言特色的特殊规律。但是，目前词素意识的研究大都来自英语儿童，其他语言儿童的词素意识及其发展则很少涉及。汉语一个很大的特色是复合是主要的构词方式，很少派生和屈折，汉语儿童词素意识是怎么发展起来的，和英语儿童词素意识的发展是否一致，英汉儿童词素意识的发展是否遵循相同的规律等都是值得探讨的问题。我们在随后的一些章节中主要集中探讨了汉语儿童词素意识不同方面的发展轨迹及其与词汇量、读写能力发展的关系。

第 4 章
汉语儿童复合词词素意识的发展

一、汉语儿童复合词意识发展研究现状

汉语词汇以词根词素组合而成的复合词为主，而且组词方式非常灵活，不受词素类型和词素句法特征的影响。这一特点对于汉语儿童的词汇发展与语言习得来说非常重要，因为不熟悉的、比较长的词语往往是由熟悉的词素构建而成的，例如"蜘蛛网""长颈鹿""洗衣机"。如果儿童能够注意到汉语词语的这种可分析的特点，将有助于他们理解不熟悉词语的词义，利用已知的词素来构建不熟悉词语的词义。同时，汉语复合词的透明度相对来说较高，而且同一个词素可以构成多个不同的复合词，因此，儿童还能够利用已知词素在含有同一词素的词语之间建立起联系，逐渐建立起复杂的语义表征及语义网络，这会极大地加速汉语儿童语言和阅读的习得。那么，汉语儿童复合词的词素意识的发展究竟有什么特点呢？

目前关于汉语儿童复合词意识的研究主要集中在两个方面：结构和词义。就结构来说，汉语的复合词可以分为并列、偏正、动宾、动补与主谓这五种结构类型（黄伯荣、廖序东，1997）。由于偏正结构的复合词占汉语复合词总量的绝大多数，因此，目前有关复合词结构意识的研究主要集中在偏正结构的复合词上，即考察汉语儿童能否准确识别出偏正结构复合词是由修饰成分和中心词素组合而成的。在词义方面，已有研究主要考察了儿童能否根据已知词素来推测不熟悉复合词的词义，以及构建与形成新的复合词。

1.1 复合词的结构意识

对于向心结构的复合词来说，中心词素表明了该复合词所属的语义范畴，而且 3 岁左右的英语儿童就能意识到这一点，并且在猜测陌生复合词词义的时候倾向于选择中心词素所代表的语义范畴（Clark et al., 1985；Nicoladis，2003）。成功识别复合词的中心词素有助于儿童了解和学习复合词的词义，这一点对于汉语儿童来说尤为重要，因为同样的中心词素可以出现在大量的复合词中。例如，"车"能够形成"汽车""火车""出租车""轿车"等大量的复合词，如果儿童能够意识到"车"在这些复合词中处于中心词素的位置，而且以"车"为最后一个词素的复合词表示的是某种车，那么，掌握这些复合词的词义就变得容易起来，尤其是不太熟悉的复合词。

近年来，研究者采用了更直接的任务来考察儿童对复合词的修饰成分和中心词素的理解（Chen，Hao，Geva，Zhu，& Shu，2009）。该任务最初来自于 Nagy 等人（2003），其主要目的是考察儿童有关偏正结构复合词的结构意识，以及识别复合词的语义重心的能力。具体的做法是：首先，给儿童看一个从来没见过的物体或动物，并对它进行描述，然后让儿童从两个备选项中选出合适的名称来。例如，给儿童一个穿着衣服的鱼的照片，然后问儿童："我们给穿着衣服的鱼起个名字，你看叫'衣鱼'好还是'鱼衣'更好？"正确答案是"衣鱼"。在另一个配对的任务中，复合词的修饰成分与中心词素被换过来："我们给鱼穿的衣服起个名字，你看叫'衣鱼'好还是'鱼衣'更好？"正确答案是"鱼衣"。儿童对这两个问题的回答显示了他们对偏正结构复合词的修饰成分与语义重心的理解。Chen 等人（2009）在 Nagy 等人（2003）的基础上改进了一些项目，使之更符合汉语儿童的日常生活习惯，并用新项目考察了天津一所小学一、二年级的学生，结果发现他们在该任务上的正确率与词汇量及汉字识别成绩均存在显著相关。

1.2 构建与理解新复合词

目前的研究主要采用复合词建构任务（morphological construction task）（Chen et al.，2009；McBride-Chang et al.，2003、2005）来考察汉

语儿童是否能够理解或者构建新复合词。McBride-Chang 等人（2003）率先采用该任务考察了香港幼儿园（平均年龄为 5 岁）和小学二年级儿童（平均年龄为 7 岁）的汉语复合词意识。实验任务是这样的：首先用一句话解释一个探测目标词，然后将这一解释稍加改变，要求儿童根据改变后的描述构建一个之前未听过的复合词。例如："如果太阳在傍晚落下山，我们叫日落的话，那么如果月亮在傍晚落下山，我们应该叫什么？"答案是"月落"。该任务要求被试能够从已有概念和主试新提供的概念中提取合适的词素，并将它们灵活组合成一个新概念。结果表明幼儿园儿童和二年级儿童在这一任务上的平均正确率分别为 58% 与 85%，而且该成绩对汉字识别成绩有显著的正向预测作用。

Liu & McBride-Chang（2010）进一步改进了该任务，让儿童根据主试的描述直接产生复合词。儿童要想顺利产出符合汉语构词结构的复合词，不仅需要抽取出关键词素，而且关键词素的组合还要符合汉语的构词规则。"吃铁怪"就是一个非常好的答案，因为不仅包括了关键词素，同时复合词的结构也比较精练；"吃铁怪兽"次之，因为虽然包括了关键词素，也符合汉语的构词规则，但是却包含了冗余的词素或结构。在构词的时候，我们习惯将"兽"作为关键词素，而不是"怪兽"。"铁怪"就不是一个好答案，因为只给出了部分关键词素，而且结构不完整。"怪铁"则更差一些，虽然给出了部分关键词素，但是结构是不正确的。该任务能够综合地考察汉语儿童有关复合词的词素意识，它既考察了儿童提取关键词素，摒弃冗余词素，使之符合汉语的词语构成习惯的能力，例如上面的例子中儿童需要从"怪物"中提取出"怪"作为关键词素，而且还囊括各种不同的结构类型，比如偏正结构的复合词，要求儿童回答"我们把用雪建成的房子叫什么？"(答案为雪房)，以及动宾结构的复合词，例如"把金子冷冻起来叫什么？"(答案是冻金)。不过，在描述的过程中，主试很容易带一些倾向性，题目的结构有可能会暗示复合词的结构，例如"木头和铁块放在一起可以叫作什么？"，在这样的提问下，很容易启动儿童产生并列结构的复合词。有可能是为了避免这样的倾向性，有时候主试的描述则显得模糊，例如"我们把小马在跳舞叫作什么？"，作者理想的答案是儿童产生主谓结构的复合词"马舞"，但是有的儿童给出的答案是"舞马"。

Ku & Anderson（2003）测试了台湾地区二、四、六年级学生运用词素知识理解低频复合词和派生词的能力。测试项目为 16 个由高频词根组成的低频复合词和派生词，每个项目给出了 4 个选项，要求儿童从中选出最合适的解释来。例如，项目"射手"，4 个备选解释为：（1）举起手把箭射出去；（2）一个很会射箭的人；（3）射到很远的地方去；（4）手被箭射伤了。要想选出正确的答案，儿童需要知道"手"在此的意思是"具有某种技能或者擅长做某件事的人"。三组被试的正确率分别为40%、52% 和 80%，该结果表明，台湾儿童运用词素知识获取不熟悉词语词义的能力随着年级的升高而不断增强。

1.3　小结

从上文的综述中我们可以看出，虽然汉语儿童复合词词素意识的发展逐渐引起了研究者的关注，但是他们关心的问题主要集中在词素意识对儿童词汇知识和阅读发展的作用上，对词素意识本身的发展规律以及影响因素等问题的研究仍是空白。从国外儿童词素意识的研究以及本章汉语儿童词素意识的研究中我们知道，词素意识在儿童语言和阅读发展中确实起着至关重要的作用，尤其是对于汉语这样的具有深层正字法的语言来说。但如果不能对词素意识的内在结构及其各方面的发展轨迹有比较清晰的认识，不能对词素意识与词汇知识、读写能力发展的关系有深入的了解，就很难真正形成用于指导幼儿园、中小学的语言和语文教学的科学方案，同时也很难提出行之有效的针对阅读障碍儿童的训练方案。

鉴于此，本章将通过两项实验研究来考察复合词意识在幼儿园阶段的发展轨迹，以及影响汉语儿童复合词词素意识发展的因素。由于主要考察的是汉语幼儿能否根据已知词素来构建陌生复合词的词义，我们借用 Carlisle（2000）的定义把词素意识界定为将词分解成构词词素，通过分析词素的意义来构建整词意义的能力，我们把这种能力叫作词素分解组合能力。实验一和实验二分别通过儿童对不熟悉的真词（不透明复合词，如"木鱼"）和假词（透明复合假词，如"跑机"）词义的理解来考察汉语学前儿童是否具有词素分解组合能力，以及该能力是怎样随年龄的发展而发展的。如果儿童已经发展了词素分解组合能力，听到一个从未听过的词语，就会试图将它分解为构词词素，通达构词词素的意义以及它们组合的方式，从而来重新构建新词的词义；如果儿童还未发展起该能力，就无法利用词素的意义来推测整词的意义。无论是不熟悉的不透明真词，还是假词，对儿童来说都是难以理解的。

二、汉语儿童词素分解组合能力的发展（实验一）

2.1　实验目的

汉语由于词素数量有限，但词语的数量非常庞大，因此绝大多数词是由词素组合而成的复合词。据苑春法和黄昌宁（1998）的统计，汉语基本词素只有 7753 个，但是由这些词素构成的复合词将近 10 万，可见汉语词素的构词能力非常强。同时，词素和词素的组合也非常自由，很少受词类、位置等因素的限制。如果儿童在学习语言的过程中，能抓住汉语构词的特点，遇到生词时可以自由地将其分解成词素，再将两个词素组合起来，根据词素的意义来建构整词的意义，就会对词汇的学习、语言的发展有很大的帮助。McBride-Chang 等人（2003）的研究证实了这一点，他们发现香港 5 岁的儿童就可以对词素进行分解组合。因此，本研究希望了解汉语年龄更小的儿童是否已经具有词素的分解组合能力。为了保证孩子都能很好理解指导语，我们选取了 3 到 5 岁的儿童作为研究对象，进一步考察汉语儿童词素的分解组合能力是怎样随年龄发展的。

2.2　研究方法

2.2.1　被试

北京市海淀区两所幼儿园共 142 名小朋友参加了本实验，其中 28 名小朋友没有能完成所有任务，所以没有参与最后的统计分析。剩余的 114 名小朋友中：小班儿童 39 名，平均月龄为 46 个月（范围：41 ～ 51

个月），其中男生 21 名，女生 18 名；中班儿童 39 名，平均月龄为 60 个月（范围：52 ～ 63 个月），其中男生 21 名，女生 18 名；大班儿童 36 名，平均月龄为 70 个月（范围：64 ～ 77 个月），其中男生 21 名，女生 15 名。为了便于和其他前人研究做比较，在下文的描述中，我们把小班孩子称为 3 岁儿童，中班孩子称为 4 岁儿童，大班孩子称为 5 岁儿童。

▇ 2.2.2　实验材料

材料是学前儿童不熟悉的不透明复合词。选择儿童不熟悉的词是因为对于熟悉的词儿童不需要通过词素的分解组合就可以识别，无法考察儿童对词素进行分解组合的心理过程；如果是透明词，则很难保证儿童一定通过词素的分解组合进行识别，也无法考察儿童对词素进行分解组合的心理过程。为获取符合标准的实验材料，我们从《现代汉语词典》（2002 年增补本，商务印书馆）中选出 30 个非常低频的不透明双字词，即词素意义和整词意义毫无关系的复合词，并对其词素的熟悉性进行了评定。

请幼儿园的 10 名老师在 7 点量表上对词素的熟悉性进行评定。其中"7"表示幼儿园儿童对词素非常熟悉，"1"表示幼儿园儿童对词素非常不熟悉，"7"和"1"之间的数字代表熟悉和不熟悉之间的不同熟悉程度。为了避免幼儿园老师不明白"词素"的概念，对于可以单用的词素，评定表上出现的是词素本身，例如"鱼"，对于不可以单用的词素，评定表上出现的是实验中用到的选项①，例如"木"用"木板"代替。要求老师在评定时回想儿童在说话时是不是常常用到这些词。

从评定结果中选出符合条件的 20 个双字词，其中两个词素都熟悉的词②和一个熟悉、一个不熟悉的词③各 10 个，分别统计每个词素熟悉性的评定，计算熟悉性的平均值。结果如下：两个词素都熟悉的条件下，词素的平均熟悉度为 6.58；只有一个词素熟悉的条件下，熟悉词素的平均熟悉度为 6.50，不熟悉词素的平均熟悉度为 2.18。实验还包括作为填充材料的 20 个幼儿园儿童熟悉的名词。

---

①　这样的项目很少，见材料举例。

②　比如"木鱼"。

③　比如"龙井"，"龙"是熟悉的词素，"井"是不熟悉的词素。

2.2.3　实验材料举例

每个项目由4幅图画组成，在A4纸上横向呈现，上下各两幅。图画之间用线条隔开。这四幅图画分别是：真正的目标词所指图片、根据两个词素的意义组合而成的图片、复合词的第一个词素所指图片、复合词的第二个词素所指图片。以"木鱼"为例，这四幅图画分别为：真正的木鱼、雕刻在木板上的鱼、一块木板、一条鱼。每个项目的4幅图画按随机顺序排列，实验材料和填充材料也按随机顺序排列。实验材料举例见图2和图3。

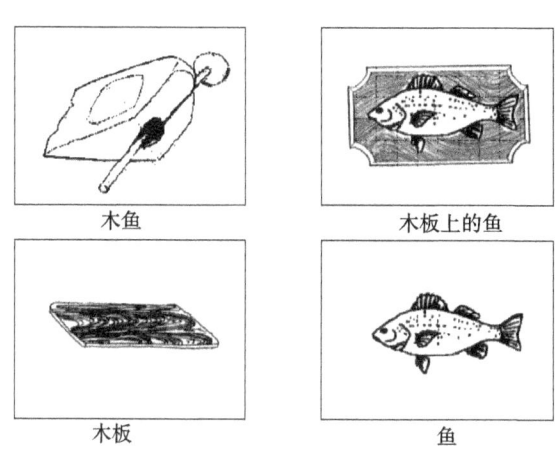

木鱼　　　　　　　　　　　木板上的鱼

木板　　　　　　　　　　　鱼

图2　两个词素都熟悉条件下的材料举例"木鱼"

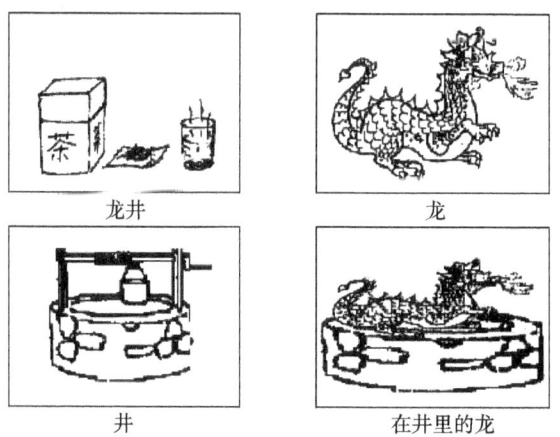

龙井　　　　　　　　　　　龙

井　　　　　　　　　　　在井里的龙

图3　只有一个词素熟悉条件下的材料举例"龙井"

■ 2.2.4 实验程序

实验为个别施测，由经过训练的普通话标准的主试陪着小孩儿在安静的房间内进行。指导语是这样的："小朋友，你好！我们来做一个找东西的游戏，我给你看 4 幅图画，并给你说一个名字，请你从这 4 幅图画中把我说的东西找出来并指给我看，好吗？"主试在答题纸上记录被试所指图画的位置，4 幅图画按从左到右，从上到下的顺序分别标记为 1、2、3、4。

■ 2.2.5 基本假设

因为目标词绝大多数都是被试不熟悉的，所以只能通过推测来完成该任务。当然也不能排除个别孩子词汇量大，恰好知道该目标词的情况，这种可能性从选择正确选项的比例中即可知晓。本实验最感兴趣的是孩子选择另外三个非正确选项的比例，这里涉及三个方面的能力或意识：词素分解和组合能力、词素分解能力、语义重心意识。如果儿童同时具备了词素的分解和组合能力，就会倾向于选择由两个词素意义组合而成的图片"木板上的鱼"；如果仅仅具备分解能力，儿童可能就会选择代表其中一个词素的图片；但是如果儿童已经具备偏正结构复合词语义重心的意识，那么选择代表中心词素的图片的比例就会大于选择代表修饰成分的图片的比例；而如果儿童还未发展起语义重心意识，就会随机选择代表修饰成分的图片或者代表中心词素的图片，或者选择熟悉词素对应的图片。

2.3 结果

■ 2.3.1 错误率总体分析

我们首先对三个年龄段儿童在两种条件下对每个复合词的 4 个选项选择的比例及个数进行了统计，结果见表 1 和表 2。可以看到，选择正确答案的比例很低，进一步证实了目标词确实是学前儿童所不知道的。

表 1　三个年龄段儿童对两词素都熟悉的复合词 4 个选项的选择比例 *

年龄	两个词素都熟悉（木鱼）			
	两词素组合 （木板上的鱼）	修饰成分 （木板）	中心词素 （鱼）	正确答案 （木鱼）
3 岁	.58（226）	.09（35）	.28（111）	.05（18）
4 岁	.67（262）	.07（27）	.23（88）	.03（13）
5 岁	.80（289）	.04（15）	.11（40）	.04（16）
平均	.68（259）	.07（26）	.21（80）	.04（16）

*括号内的数字表示个数。

表 2　三个年龄段儿童对一个词素熟悉的复合词 4 个选项的选择比例 *

年龄	只有一个词素熟悉（龙井）			
	两词素组合 （在井里的龙）	修饰成分 （龙）	中心词素 （井）	正确答案 （龙井）
3 岁	.39（151）	.11（46）	.29（112）	.21（81）
4 岁	.41（160）	.16（62）	.29（114）	.14（54）
5 岁	.49（175）	.15（54）	.22（79）	.14（52）
平均	.43（162）	.14（54）	.27（102）	.16（63）

*括号内的数字表示个数。

从表 1 和表 2 可以看到，不管是两个词素均熟悉，还是只熟悉一个词素，总体上，选择两词素组合选项的比例最大，选中心词素的比例次之，选修饰成分和正确答案的最少。但两个条件的不同之处在于两个词素均熟悉时选择修饰成分的比例仍高于选择正确选项的比例，而只有一个词素熟悉时选择两者的比例相当。说明儿童已经发展起词素分解组合的能力了，可以把不熟悉的复合词分解成词素并根据词素的意义来推测整词的意义，尽管这种分解和整合能力在这里导致了错误的选择。选择中心词素的总个数多于选择修饰成分的总个数，表明即使儿童不能对词素进行组合，也倾向于选择表示语义重心的中心词素，说明他们已经发展起语义重心意识，知道偏正结构的第二个词素表示整词所属的语义范畴。

下面进一步的数据统计分析证明了以上描述，对选项被选择的个数进行卡方检验，在两种条件下选择两词素组合的比例多于选择中心词素的比例[1]，选择中心词素的比例多于选择修饰成分的比例[2]。在两个词素均熟悉条件下选择修饰成分的比例多于选择正确选项的比例[3]，而在只有一个词素熟悉的条件下两者的比例无差异[4]。

2.3.2 词素分解组合能力的发展分析

为了进一步检验词素熟悉性对词素意识发展的影响以及词素意识随年龄增长而表现出的发展状况，我们以选择两词素组合的比例为因变量，进行 2（词素熟悉性）× 3（年龄）方差分析，结果发现：

词素熟悉性的主效应显著，F_1（1, 111）= 203.80，$p < .001$，F_2（1, 18）= 17.14，$p = .001$，结合平均数来看，说明对于不熟悉的不透明词来说，两个词素都熟悉比只有一个词素熟悉更有利于儿童对该词的意思进行推测和理解，即词素的熟悉性对儿童词素分解组合能力的运用有影响。

年龄的主效应显著，F_1（2, 111）= 10.03，$p < .001$，F_2（2, 36）= 20.37，$p = .001$，表明学前儿童的词素意识随年龄增长而发展；Scheffe 多重比较发现，5 岁孩子的词素意识明显好于 4 岁和 3 岁孩子（显著性分别为 $p = .02$ 与 $p < .001$），3 岁和 4 岁孩子之间没有差异（$p > .10$），说明四到五岁之间儿童的词素分解组合能力有了显著的发展。

词素熟悉性与年龄的交互作用显著，F_1（2, 111）= 3.96，$p = .02$，F_2（2, 36）= 2.95，$p = .065$。简单效应分析发现，在两个词素都熟悉的条件下，三个年龄段的孩子在词素分解组合能力上的差异显著，F_1（2, 111）= 16.33，$p < .001$，F_2（2, 36）= 19.17，$p < .001$，在只有一个词素熟悉的条件下，被试分析边缘显著，F_1（2, 111）= 2.54，$p = .084$，项目分析显著，F_2（2, 36）= 4.15，$p = .024$。说明词素熟悉性是儿童运用词素分解组合能力的前提，儿童对生词的推测需要借助已知词素的意义。

---

[1] 777 vs. 239，$x^2 = 284.89$，$p < .001$；486 vs. 305，$x^2 = 41.42$，$p < .001$。

[2] 239 vs. 103，$x^2 = 54.08$，$p < .001$；305 vs. 216，$x^2 = 15.21$，$p < .001$。

[3] 103 vs. 63，$x^2 = 9.64$，$p = .002$。

[4] 216 vs. 250，$x^2 = 2.48$，$p > .1$。

2.4　讨论

2.4.1　汉语学前儿童词素意识存在的证据

由于所有目标词都是被试不熟悉的，如果儿童还未发展起词素意识，那么听到不熟悉的词语后很难从 4 个选项中进行选择，或者选择 4 个选项的比例没有显著差异。但是从表 1 和表 2 可以看出，儿童选择两词素组合而成的图片比例最高，说明汉语学前儿童已经发展起了一定的词素意识，能够将不熟悉的词语分解为词素，并根据两个词素的意义来推测整词的意义。该结果与 McBride-Chang 等人（2003）的研究结果一致，但是本研究的结果进一步说明，汉语儿童的词素分解组合能力发展较早，3 岁左右的汉语儿童就能够根据已知词素的意义来推测陌生复合词的词义了，这与 Clark 等人（1985）有关英语儿童的研究结果一致。

2.4.2　词素分解组合能力的发展

本研究横向比较了 3、4、5 岁儿童词素分解组合能力发展的状况，发现汉语 3 岁儿童就能够对词素进行分解组合。当两个词素均熟悉时，3 岁孩子选择两词素组合图片的比例为 58%，4 到 5 岁儿童的词素分解组合能力有了显著的发展，但是到 5 岁时，选择两词素组合图片的比例也仅达到 80%，还有较大提升的空间，说明对词素进行分解组合的能力在学前一直处于发展中。

词素分解组合能力的出现意味着儿童已经意识到复合词的意义是两个词素意义相互融合的结果，并能综合利用两个词素的信息来推测复合词的意义。该结果与其他语言儿童复合词意识的研究结果一致（Clark et al.，1985；Gottfried，1997；Nicoladis，2003）。Nicoladis（2003）比较了 3 岁和 4 岁儿童对复合词意义的理解，发现虽然两组儿童均更多选择包含两个词素的图片，但是 4 岁儿童的选择比例高于 3 岁儿童，表明 4 岁孩子将复合词的两词素组合起来的能力比 3 岁孩子强。

本研究还发现词素熟悉性是儿童运用分解组合能力的前提，对两个词素均熟悉的生词，儿童容易根据词素的意义来推测整词的意义，而对于只有一个词素熟悉的生词，分解组合的能力会受到限制，该结果与 Tyler & Nagy（1989）的研究结果一致。

从上述结果可以看出：

（1）汉语学前儿童能够对生词进行分解并能够通过词素组合来获得生词的意义；

（2）汉语学前儿童对词素的分解组合能力随年龄增长而发展，4 到 5 岁是迅速发展的时期；

（3）词素的熟悉性是儿童词素分解组合意识发生作用的前提。

2.4.3　词素结构意识的发展

从前面的分析可以看出，在儿童将不熟悉词分解成两个词素，还无法成功组合词素意义时，如果只是随机选择其中一个词素代替目标复合词，那就说明他们还未发展起任何词素意识，只是使用一种简单策略来完成任务。但是本研究发现，儿童并不是随机选择其中一个词素，而是更多地选择了复合词的第二个词素。在汉语中，偏正结构复合词的第二个词素是语义重心所在，表示该复合词所属的语义范畴。选择中心词素的比例显著高于选择修饰成分的比例，说明儿童在没有通达词素意义的时候，可以利用结构的信息来完成任务，已经发展起复合词词素结构的意识。但是，本研究的所有目标词都是偏正结构的复合词，没有设计其他类型的复合词，因此，还不能确定儿童选择第二个词素是一种策略，还是真正意识到第二个词素表示复合词的语义重心。我们通过实验二来进一步考察汉语学前儿童是否发展起复合词词素结构意识。

三、汉语儿童语义重心意识的发展（实验二）

3.1　实验目的

在实验一中我们通过语义不透明的陌生词考察了汉语学前儿童的词素分解组合能力，我们根据孩子选择的错误率来推测儿童词素分解组合能力的发展。而实际上，汉语绝大多数复合词是语义透明的，词素意义在复合词中基本保持不变（苑春法、黄昌宁，1998）。因此，在正常的语言学习中，根据词素的意义和组合方式对生词词义进行推测，多数情况下是可以正确得知陌生词的词义的。因此，实验二我们通过构建语义透明的假词（完全陌生）进一步考察模拟自然语言学习中词素分解组合能力的发展。

实验一还发现当儿童不能对词素进行组合，而只能将不熟悉的词语分解为构词词素时，他们更倾向于选择复合词的第二个词素来作为陌生复合词的词义。汉语复合词的第二个词素多数表示该复合词所属的语义范畴。如前所说，因为实验一所有的材料都是偏正结构的复合词，因此，还不能确定这只是一种简单的选择策略，还是真的具备了关于词素结构的意识。实验二通过改变修饰成分和改变中心词素构成的假词进一步探讨汉语学前儿童词素分解组合能力以及语义重心意识的发展。

3.2 研究方法

3.2.1 被试

同实验一。

3.2.2 实验材料

实验材料包括 20 个假词，另外还有 20 个被试熟悉的真词作为填充材料。作为构建假词基础的真词（如"马车""斑马"）和作为填充材料的真词都来自我们之前开展的汉语学前儿童口语词汇获得年龄的调查的结果，确保 75% 以上的 3 岁儿童都已经掌握了这些词。

每个项目配备 4 幅图画，在 A4 纸上横向排列，上下各两幅。图画之间用线条隔开。4 幅图画分别代表：原词、目标假词、替换的成分、无关控制。被替换的成分有两种，也就构成了两种不同类型的假词材料：一种假词改变了原词的修饰成分，例如，用"鸡"替换"马车"中的"马"而构造出假词"鸡车"；另一种假词改变了原词的中心词素，例如，用"牛"替换"斑马"中的"马"而构造出假词"斑牛"。那么"鸡车"对应的 4 幅图画分别是马车、鸡车、鸡和无关控制，"斑牛"

对应的 4 幅图画分别为斑马、斑牛、牛和无关控制。每个项目的 4 幅图画按随机顺序排列,实验材料和填充材料也按随机顺序排列。实验材料举例见图 4 和图 5。

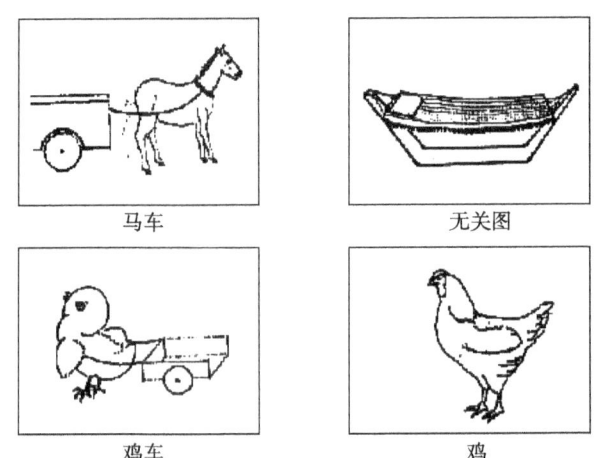

马车　　　　　　　　无关图

鸡车　　　　　　　　鸡

图 4　改变修饰成分的材料举例"鸡车"

斑马　　　　　　　　无关图

牛　　　　　　　　斑牛

图 5　改变中心词素的材料举例"斑牛"

3.2.3　实验程序

同实验一。

3.2.4　实验假设

因为假词在儿童的心理词典中没有表征，所以他们只能根据词素的分解组合来推测整词的意义。如果儿童在完成任务时只凭借词素的分解和组合技能，那么两种假词的正确率应该无显著差异。但是由于修饰成分和中心词素在偏正结构复合词中所起的作用大小不同，中心词素处于核心地位，表明了复合词所属的语义范畴，对复合词的语义贡献较大，而修饰成分只对中心词素起修饰限制的作用，对复合词的语义贡献较小。因此我们假设改变修饰成分和改变中心词素对儿童造成的难度不一样：改变修饰成分构成的假词，因为与原词有共同的语义重心，因此比较容易推测其词义；而改变中心词素构成的假词，因为与原词的语义重心不同，因此推测词义会有一定的难度。

3.3　实验结果

我们首先对三个年龄段儿童在两种条件下对每个复合词的 4 个选项选择的比例及个数进行了统计，统计结果见表 3 和表 4。

表 3　三个年龄段儿童对改变修饰成分构成的假词 4 个选项的选择比例 *

年龄	改变修饰成分的假词（马车—鸡车）			
	正确选块 （鸡车）	修饰成分 （母鸡）	中心词素 （马车）	无关控制
3 岁	.61（237）	.13（50）	.19（75）	.07（28）
4 岁	.74（289）	.11（41）	.09（34）	.07（26）
5 岁	.84（302）	.09（34）	.04（14）	.03（10）
平均	.73（276）	.11（42）	.11（41）	.05（21）

*括号内的数字表示个数。

表4　三个年龄段儿童对改变中心词素构成的假词4个选项的选择比例 *

| 年龄 | 改变中心词素的假词（斑马—斑牛） | | | |
	正确选项（斑牛）	修饰成分（斑马）	中心词素（奶牛）	无关控制
3 岁	.47（183）	.19（73）	.30（116）	.05（18）
4 岁	.66（257）	.10（40）	.20（78）	.04（15）
5 岁	.74（266）	.06（22）	.16（59）	.04（13）
平均	.62（235）	.12（45）	.22（84）	.04（46）

*括号内的数字表示个数。

3.3.1　正确选项分析

从表3和表4中"正确选项"的比例来看，3至5岁儿童正确选择的比例逐渐升高，而且改变修饰成分的假词的正确率高于改变中心词素的假词。

对不同年龄被试的正确率进行2（替换成分）×3（年龄）方差分析的结果证实了这一点。方差分析显示替换成分的主效应被试分析显著，F_1（1, 111）= 30.24，p = .000，项目分析边缘显著，F_2（1, 18）= 3.11，p = .095。即改变修饰成分构成的假词的正确率高于改变中心词素构成的假词的正确率，表明偏正结构的不同成分对被试推测假词意义具有不同的作用，中心词素的作用更为突出。年龄的主效应显著，F_1（2, 111）= 23.61，p = .000，F_2（2, 36）= 64.24，p = .000，表明儿童在3～5岁阶段对假词意义正确推测的能力是随年龄增加而提升的。进一步Scheffe多重比较发现，5岁孩子和4岁孩子的正确率均显著高于3岁孩子（ps = .000），5岁孩子和4岁孩子之间的差异边缘显著（p = .061）。替换成分与年龄的交互作用被试分析与项目分析均不显著，F_1（2, 111）= .75，p = .47，F_2（2, 36）= 0.89，p = .42，说明儿童对两种假词的判断正确率都随年龄的增长而升高的模式相似。

3.3.2　改变修饰成分假词的错误率分析

从表3可以粗略看出，儿童所犯的错误主要是选择修饰成分的错误和选择中心词素的错误，选择无关控制的错误很少，因此我们分析时对选择无关控制的错误不做分析，只分析选择修饰成分的错误和选择中心词素的错误。

对改变修饰成分构成的假词中选择修饰成分和选择中心词素的错误个数（见表3）进行2（错误类型）×3（年龄）卡方检验发现，$x^2=$ 13.97，$p = .001$，表明不同年龄儿童两类错误的比例有差异。进一步比较各年龄儿童两类错误的比例发现：3岁儿童选择中心词素的错误高于选择修饰成分的错误[1]，4岁儿童选择中心词素的错误与选择修饰成分的错误无显著差异[2]，5岁儿童则反过来，选择修饰成分的错误高于选择中心词素的错误[3]。

3.3.3　改变中心词素假词的错误率分析

同样，对改变中心词素构成的假词中选择修饰成分和选择中心词素的错误个数（见表4）进行2（错误类型）×3（年龄）卡方检验发现，$x^2 = 3.34$，$p = .188$，表明不同年龄儿童两类错误的比例基本相同，而且每个年龄的儿童选择中心词素的个数显著高于选择修饰成分的个数[4]。

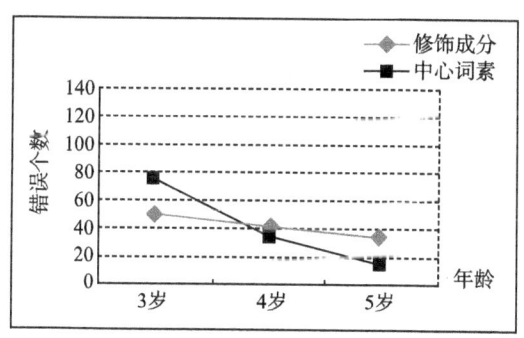

图6　改变修饰成分构成的假词的错误个数

---

[1]　75 vs. 50，$x^2= 5.00$，$p = .025$。

[2]　34 vs. 41，$x^2= 0.65$，$p = .419$。

[3]　34 vs. 14，$x^2= 8.33$，$p = .004$。

[4]　3岁儿童：116 vs. 73，$x^2 = 9.78$，$p = .002$。4岁儿童：78 vs. 40，$x^2= 12.24$，$p < .001$。
　　5岁儿童：59 vs. 22，$x^2= 16.90$，$p < .001$。

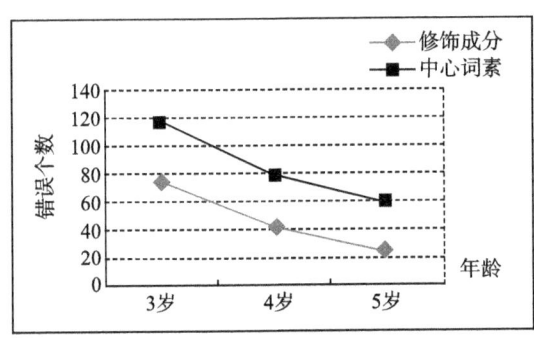

图 7　改变中心词素的假词的错误个数

3.4　讨论

3.4.1　词素结构对词素意识发展的影响

本实验构造了两种假词考察了词素结构对儿童词素意识发展的影响，由于假词在儿童心理词典中没有意义表征，儿童只能将整词分解成词素，再根据词素的意义来推测整词的意义。从表3和表4的结果可以看出，儿童选择正确选项的比例高于其他任何选项的比例。该结果进一步验证了实验一所得到的结论，即汉语学前儿童能够根据已知词素意义来推测不熟悉生词的词义，进一步说明了汉语学前儿童已经发展起了复合词的词素意识。

本研究最主要的发现是，改变修饰成分构成的假词的正确率（73%）高于改变中心词素构成的假词的正确率（62%），说明偏正结构复合词的不同成分对儿童推测陌生复合词词义的作用是不同的，同时也表明儿童在猜测生词词义时，除了需要具备词素分解组合的能力，还需要利用词素结构的信息。对于改变修饰成分的假词，例如"鸡车"，4个选项中表示两词素意义组合的图片是"马车"和"鸡车"，二者共有一个语义重心，只要将语义重心和修饰成分组合起来就可以了，因此儿童容易排除"马车"而选择"鸡车"；而对于改变中心词素的假词，4个选项中表示两词素意义组合的图片是"斑马"和"斑牛"，二者共有一个修饰成分，儿童需要先确定正确的语义重心，然后再与修饰成分组合，因此难度要大。上述研究结果表明语义重心在儿童词素意识的发展中起着非常关键的作用。

从错误比例分析中同样可以肯定这一点。儿童所犯的错误主要是选择修饰成分的错误和选择中心词素的错误，但是这两类错误的比例在两种假词中并不一样。在改变修饰成分构成的假词中，3岁儿童选择中心词素的错误高于选择修饰成分的错误，4岁儿童两类错误的比例差不多，5岁儿童的错误模式与3岁儿童的正好相反。根据实验一的结果，如果儿童还不能将两词素组合起来，则会从分解出来的两词素中选择表示语义重心的中心词素。但是从实验二的结果看，似乎只有3岁儿童的结果与实验一的结果相符，这主要是因为3岁儿童有关概念组织的对比原则还未发展完善（McGregor & Waxman，1998）。

英语儿童的研究发现，儿童早期心理词典中词汇的排列不是杂乱无章的，而是按等级原则和对比原则排列起来的（McGregor & Waxman，1998）。以sunflower（向日葵）和cornflower（矢车菊）这两个概念为例，等级原则说的是，sunflower和cornflower的所有成员都是更高一级概念flower（花）的一个亚类型。对比原则指的是，sunflower的成员绝对不可能同时又是cornflower的成员，二者虽共有一个语义重心，但由于修饰成分不同，应属于两个不同的概念。上位概念和下位概念之间，以及下位概念之间都存在同词素关系，例如，上位概念"鱼"与其下位成员"带鱼"之间，以及下位概念"带鱼"与"金鱼"之间都存在着词素关系。

在改变修饰成分的假词中，代表修饰成分和中心词素的图片分别是"鸡"和"马车"，当被试听到"鸡车"时，将"鸡车"分解成"鸡"和"车"，但是4幅图画中没有明确的语义重心，只有"马车"的图画，3岁儿童还未发展起对比原则，所以倾向于选一个含有共同语义重心的词"马车"来代替，4岁儿童的对比原则正处于发展中，所以选择修饰成分的错误和选择中心词素的错误差不多，而5岁儿童的对比原则已经发展起来了，因此排除掉"马车"后，只能被迫选择表示修饰成分的"鸡"，因此出现与3岁儿童正好相反的错误模式。但是从总体上来说，两类错误都随年龄增长而减少，而且从图6和图7可以看出，改变修饰成分构成的假词总体错误少于改变中心词素构成的假词。

对比原则表明含有同一语义重心的复合词之间在语义关系上存在竞争，但是这种竞争是来自整词（马车—鸡车）的竞争，还是来自词素（马—鸡）的竞争，本研究无法直接证明，有待于以后进一步的实验研究来证明。

而在改变中心词素的假词中，代表修饰成分和中心词素的图片分别为"斑马"和"牛"，"斑马"和"斑牛"之间共同的部分只是修饰成分，语义重叠的部分很少，因此选择修饰成分的错误较少。同时，中心词素是上位概念"牛"，"牛"表明"斑牛"的语义范畴，根据实验一的分析，3岁儿童已经发展起语义重心的意识，因此选择中心词素的错误大大增加。

3.4.2　汉语儿童语义重心意识的发展

从以上讨论我们可以做出这样的推论：儿童在听到一个生词的时候，先确定其语义重心，再与已经分解出来的修饰成分进行组合来推测整词的意义；当组合失败或者儿童没有能力将二者组合时，就会以语义重心来代替复合词。如果备选答案中没有可供选择的语义重心，3到5岁儿童才会寻找其他策略来完成任务。该结果模式表明汉语儿童语义重心意识先发展，词素的组合能力需要在语义重心意识的基础上发展。这与其他语言儿童复合词意识的研究结果一致（Berman & Clark，1989；Clark et al.，1985；Gottfried，1997；Mellenius，1997；Nicoladis，2003）。

英语等语言复合词的研究发现，语义重心意识的发展比较早，一般在3岁之前就已经发展了，而对两个词素的意义进行组合的意识发展较晚。本研究也发现，儿童听到一个不熟悉的复合词时，也会先确定语义重心。因此，我们把实验一中儿童选择两词素组合图片的比例与选择中心词素的比例之和，以及实验二中正确率与选择语义中心词素的比例之和（见表5）看作汉语儿童的语义重心意识，与其他语言同类研究（Mellenius，1997，见表6；Clark et al.，1985，见表7）做一简单比较，进一步说明汉语儿童复合词语义重心意识的发展。

表 5　不同年龄段儿童在两个实验中的语义重心意识

年龄	实验一		实验二	
	两个词素都熟悉（木鱼）	只有一个词素熟悉（龙井）	改变修饰成分（鸡车）	改变语义重心（斑牛）
3 岁	.86（.11）	.71（.13）	.80（.12）	.77（.18）
4 岁	.90（.11）	.74（.14）	.83（.13）	.86（.15）
5 岁	.91（.08）	.76（.15）	.88（.09）	.90（.11）

表 6　瑞典语不同年龄儿童语义重心意识的发展（Mellenius，1997）

年龄（岁）	2.0～2.7	2.8～3.3	3.4～3.11	4.0～4.7	4.8～5.3
正确率	.56	.73	.83	.86	.91

表 7　英语不同年龄儿童语义重心意识的发展（Clark，Gelman，& Lane，1985）

年龄（岁）	2.4	3.4	4.0	4.10	5.8
正确率	.48	.82	.92	.92	.97

从表 5、表 6 和表 7 我们大致可以看出，汉语 3 岁儿童在不同任务下的语义重心意识处于 .71～.86 之间，瑞典语和英语 3 岁儿童的语义重心意识分别为 .83 与 .82，表明汉语儿童的语义重心意识确实在 3 岁之前就已经发展了。虽然英语和瑞典语是拼音文字语言，其词素结构与汉语存在巨大差异，但是英语和瑞典语复合词的语义重心都在第二个词素上，表明语义重心意识是一种普遍的复合词词素意识。

在实验一和实验二中，我们分别用儿童不熟悉的词和假词考察了汉语学前儿童词素意识的发展，发现儿童遇到不熟悉的词时，可以将它分解成词素，运用词素的意义来获得整词的意义。这表明词素在学前儿童的口语词典中具有表征。那么，儿童是如何获得这些词素的？儿童最先获得的是整词还是词素？很少有研究者对此进行过研究。我们在下一章通过实验三来考察这些问题。

第 5 章
汉语儿童词素识别能力的发展

一、汉语儿童词素识别能力的研究现状

相对于英语等拼音文字语言，汉语词素具有一个明显的特点，就是存在大量的同音词素和同形词素。一个词素在口语中基本上与一个音节相对应，但是由于汉语音节只有 1300 多个（含声调），常用词素却有 5000 多个，也就是说一个音节基本上对应于 4 ~ 5 个词素，这样就造成了汉语中存在大量的同音词素。即使在书面语中，词素与汉字也不是完全一一对应。一个汉字往往表征多个词素，造成汉语中存在大量的同形词素。比如"草地"的"草"和"草率"的"草"。

正因为汉语中有如此丰富的同音词素和同形词素，因此无论是成人还是儿童，在即时交流的过程中需要弄清楚同一个音节所对应的不同的意义，在阅读过程中也需要区分同一个字形所表示的不同的意义，这也是汉语儿童学习阅读的必经之路。因此，近年来汉语儿童词素识别能力（同音或同形）发展的相关研究主要集中在探讨这种能力对儿童的汉字学习和阅读发展的影响。

Li，Anderson，Nagy，& Zhang（2001）采用两个任务考察了北京一年级儿童对同音词素的区分情况。其中一个任务是先口头呈现两个含有同音词素的熟悉词，并将这两个同音词素写在两张卡片上，然后再呈现另一个双字词，要求儿童从这两张卡片中选出一个来，用于后呈现的这个词语。例如，给儿童看两张分别写着"心"与"新"的卡片，并告

诉儿童"心"可以用于"心脏"，而"新"可以用于"新年"。然后呈现另一个儿童口语中熟悉的词语"新闻"，要求儿童从"心"与"新"中选出合适的汉字来。该任务不仅考察了儿童对同音词素不同意义的辨别能力，同时还考察了他们将口语词语与书面汉字匹配起来的能力。另一个任务叫"奇异任务"，即口头呈现三个双字词，其中两个含有相同的词素，另一个含有同音词素。提示儿童这三个词语含有相同的音节，并要求他们从中选出音节相同但所对应的汉字不同的那个词语来。例如，给儿童呈现"红茶""绿茶"和"检查"这三个词语，并告诉他们这三个词语都包含相同的音节"chá"，要求他们从中选出与另两个词语书写形式不一样的那个"chá"来。结果发现，语文成绩好的学生在这两个任务上的成绩均超过了语文成绩差的学生，而且儿童在这两个任务上的成绩确实能够预测他们汉字认读的成绩，说明儿童区分同音词素的能力与他们的汉字学习之间存在密切的关系。

McBride-Chang 等人（2003）考察了香港幼儿园儿童（平均年龄为5岁）和小学二年级儿童（平均年龄为7岁）的同音词素的辨别能力。先给被试三个词语，例如"篮球""男孩儿"和"蓝色"，每个词语都配有相应的图片；然后再给被试另一个词语（例如"女孩儿"），要求他们从前面听到的三个词语中找出与之意义最接近的那个来。结果发现，幼儿园儿童和二年级儿童的平均正确率分别为72%与92%，同时，幼儿园儿童词素识别的正确率对汉字识别成绩有显著的预测作用，而二年级儿童的正确率由于出现了天花板效应，对汉字识别成绩无显著预测作用。

Ku & Anderson（2003）测试了台湾地区二、四、六年级学生识别词素的能力和辨别同形词素的能力。其中识别词素的任务类似于英语中的"come from"任务，考察的是儿童能否理解两个词语之间在词素上的联系。给儿童呈现20对熟悉的词语，要求他们判断第二个词（例如"书架"）的词义是否与第一个词语（例如"书"）的词义有一定的联系。所有的词语都是被试口语中熟悉的，而且是否具有词素联系经过了成人的评定。辨别同形词素的任务类似于Li等人（2002）的任务，主要是考察儿童能否理解同一个汉字可以表征不同的词素。给儿童书面呈现三个词语，这三个词语都包含一个相同的汉字，例如"商店""商品""商量"含有相同的汉字"商",要求儿童从中选出具有不同字义的那个词语来。三组被试在词素识别任务上的正确率分别为51%、68%、84%,在辨别同形词素任务上的正确率分别为55%、71%、81%,而且这两个任务和其他词素意识的任务一起可以预测学生在词汇知识与阅读理解成绩上的变异。

Shu, McBride-Chang, Wu, & Liu (2006) 在考察汉语阅读障碍儿童的类型时采用同形词素产生任务。具体做法是给被试口头呈现一个复合词,并指定其中一个词素为目标词素,要求儿童写出两个包含该目标词素的词语来,其中一个词语包含的词素与目标词素的意义一致,另一个词语包含的词素与目标词素的意义不一致。例如,主试给出的目标词为"草地",关键词素为"草",那么儿童应该产生一个与"草地"的"草"意义一致的词语,如"草坪",一个与"草地"的"草"意义不一致的词语,如"草率"。结果发现该任务能够很好地区分阅读障碍儿童和正常儿童,两组儿童的平均正确率为53.5% 和70.3%;同时儿童在该任务上的成绩与他们在汉字识别、汉字听写以及阅读理解任务上的成绩存在显著正相关。

综上所述,目前有关汉语儿童词素识别的研究更多关注的是儿童对同音词素的区分能力和对同形词素的区分能力是否与他们的汉字学习与阅读发展存在一定的关系,而对同音词素区分能力、同形词素区分能力自身的发展的特点关注不足。那么,汉语儿童从什么时候开始能够区分口语中的同音词素呢?例如,在没有学习汉字之前,儿童是怎样来判断"电话"的"电"和"商店"的"店"不是同一个词素的呢?儿童区分同音词素的能力是怎样发展起来的,又受到哪些因素的影响呢?它对口语的学习和发展的作用如何呢?这些问题,目前还不得而知。同样,汉语儿童上学之后遇到的另一个问题就是区分同形词素,为什么"别针"的"别"和"告别"的"别"会是同一个字呢?儿童依靠什么线索来区分这些同形词素呢?本章主要关注学前儿童和低年级儿童同音词素的区分情况及其主要影响因素。

还需要指出的是,目前有关汉语儿童同音词素区分的研究普遍存在一个问题,即混淆了整词语义联系的作用。例如,Li 等人(2002)的研究中,三个词语"红茶""绿茶"和"检查",其中"红茶"和"绿茶"

的整词词义非常接近，而"检查"的词义与它们毫不相关，因此，儿童完全可以根据"红茶"和"绿茶"都是"茶"这一点选出正确的答案，而不需要考虑是否具有相同的词素。

二、整词语义联系对词素识别能力发展的影响（实验三）

2.1 实验目的

第四章的两个实验说明词素在儿童口语词典中有表征，那么，儿童是如何获得这些词素的表征的？由于汉语存在大量的同音词素，同一个音节对应于不同的意义，要获得词素的独立表征，儿童首先需要辨别同音词素的不同意义，儿童凭借什么来辨别词素的意义呢？例如，儿童依赖什么判断"宫殿"的"殿"和"电话"的"电"是不同的词素，而"电视"的"电"和"电话"的"电"是同一个词素呢？

从一些儿童词素发展的研究中，尤其是屈折词素意识发展的研究中，可以看出儿童是在整词数量积累到一定程度后根据整词之间的关系来识别词素的（Plunkett & Marchman，1993、1996）。例如，当儿童学习 walked，wanted，talked 等带后缀 -ed 的词之后，逐渐发现这些词都表示"过去的动作行为"，并且都有一个 [ed] 的音，这时候，后缀 -ed 的意义就被提取出来了。可见，儿童是先发现这些词在意义方面有"过去的动作"这个共同的特征，在形式方面也有 -ed 这样一个共同的特征，形式和意义互相映射，词素 -ed 就逐渐分解出来。但是对于汉语复合词，情况似乎复杂得多，一个音对应于不同的意义，在没有学习汉字之前，儿童是如何区分口语中这些同音词素的？

Zhou & Marslen-Wilson（2000）对之前的英汉复合词加工的研究进行了综述，认为含有同一词素的两个整词之间的语义距离远近是决定词素是否分解的主要因素。比如："茶壶"和"茶杯"之间的语义联系较高，因此在启动范式下，"茶壶"对"茶杯"会产生显著的促进效应；而"头巾"和"头疼"之间的语义联系低，虽然二者含有共同的词素"头"，但是却没有启动效应。因此，在英汉复合词的加工过程中，整词之间的语义联系高低是构词词素分解与否的决定性因素。那么，整词之间的语义联系是否也是影响汉语儿童词素获得的主要因素呢？本研究通过改变含有共同词素的词对的整词语义联系来考察汉语儿童词素的分解与获得是否受到整词语义联系的影响。如果整词语义影响儿童词素分解，那么语义联系低的词对正确率低，语义联系高的词对正确率高；如果整词语义联系不影响儿童词素分解，那么两种实验条件下的正确率应该无显著差异。

2.2　研究方法

2.2.1　被试

60 名幼儿园大班儿童、57 名一年级儿童和 59 名二年级儿童参加了本实验。每个年级的男生、女生数量基本相当。

2.2.2　实验材料

从《现代汉语词典》（2002 年增补本）中初步选择 60 对双字词，每一对的两个词都包含一个相同的词素，其中 30 对整词语义联系高，30 对整词语义联系低，选材的时候尽量保证两个整词中相同词素的词素义一致。为了保证所选的词对符合标准，我们对这 60 对词进行了整词语义联系的评定和熟悉性评定，从中选择 40 对作为关键材料。另外，挑选了 60 对包含同音词素的双字词作为填充材料，也进行了熟悉性评定。

整词语义联系评定　北京师范大学心理学院 20 名大学生在 7 点量表上对两个双字词的整词语义联系进行评定。"7"代表两个词的语义联系很高，相关程度非常高。"1"代表两个词的语义联系很低，几乎没什么联系。"7"和"1"之间的数字代表语义联系非常高和没什么联系之间的不同程度。

熟悉性评定　评定的词语包括关键材料和填充材料，一共 120 对词。将 240 个词随机分成两组，每组 120 个，请北京市西城区 4 所学校的

20名一年级老师在7点量表上对两组词的熟悉性进行评定，每10名老师评定一组词。"7"表示该词语对幼儿园儿童来说是非常熟悉的，"1"表示该词语对幼儿园儿童来说是非常不熟悉的。

根据整词语义联系评定和熟悉性评定的结果，挑选出符合条件的关键材料40对。其中语义联系高的20对，语义联系的评定值为5.23，熟悉性为6.25；语义联系低的20对，语义联系的评定值为2.35，熟悉性的评定值为6.18。同时挑选出填充材料20对，熟悉性为6.10。实验材料举例如下：

整词语义联系高：电视—电话。

整词语义联系低：假山—假发。

填充材料：牙膏—蛋糕。

2.2.3　实验程序

实验为个别施测，由经过培训的主试陪着小孩儿在一个安静的房间里进行。指导语是这样的："小朋友，你好！现在我们来做一个游戏。请你仔细听，我说两个词，这两个词中有一个音是相同的，比如'电视—电话'，它们当中是不是都有'diàn'这个音呢？（等待被试回答，如果被试回答'是'就继续，如果被试回答'不是'或不回答，再重复一遍，保证每个被试都意识到每个词对都含有一个相同的音，这是实验的基础。）请你告诉我，这两个'diàn'是不是一个字（或这两个词中的'diàn'是不是同一个字）？那么，'假山—假发'中的'jiǎ'是不是同一个字？'牙膏—蛋糕'中的'gāo'呢？"为确保被试理解任务，在正式实验之前有3个练习。对于每个练习，如果被试回答错了，主试就加以解释。同时提醒被试有的音虽然相同，但可能不是一个字。

2.2.4　实验逻辑

如前所述，实验关键材料包括含有同一词素的整词语义联系高和低的两种词对，填充材料是含有同一音节的词对。由于所有的词对两两之间都含有一个相同的音节，因此，孩子不能单纯根据读音来做出判断。另外，从填充材料的选择情况也可以大致判断孩子的选择标准。更重要的，我们可以根据语义联系高和低两种条件下被试的"是"选择的比例高低来判断他们能否进行词素分解，以及是否受到整词语义联系的影响。如果被试的正确选择的比例较高，则表明他们具备了较好的词素意识；如果整词语义联系高条件下正确选择的比例高于整词语义联系低条件下的，则表示被试的词素分解能力确实受到整词语义联系的影响。

2.3　结果

剔除"否"反应正确率低于25%，但"是"反应正确率特别高的被试，因为这些儿童可能使用了一种简单的同音策略，即认为同音的大部分是同一个汉字。幼儿园、一年级、二年级删除的被试数分别为12、7、2，最后参与分析的被试数为155人，其中幼儿园48人，一年级50人，二年级57人，其平均正确率见表8。

表8　三个年龄段儿童的正确率及标准差

年级	整词语义联系		差异
	高	低	
幼儿园	.74（.17）	.47（.30）	.27
一年级	.83（.14）	.53（.21）	.30
二年级	.87（.13）	.68（.18）	.19
平均	.82（.17）	.57（.22）	.25

首先，对整词语义联系高和整词语义联系低两种条件下的正确率进行2（整词语义联系）×3（年级）方差分析，结果表明：

整词语义联系的主效应被试分析和项目分析均显著，F_1（1, 146）= 287.56，$p < .001$，F_2（1, 38）= 47.51，$p < .001$，说明两种实验条件下被试的正确率存在差异，结合平均数来看，语义联系低的词对的正确率低于语义联系高的词对。

年级主效应显著，F_1（2, 146）= 19.42，$p < .001$，F_2（2, 76）= 53.94，$p < .001$，表明不同年级的儿童对这两种词对的正确判断存在差异。Scheffe多重比较发现，二年级儿童的正确率高于一年级和幼儿园

儿童（显著性分别为 $p = .050$ 和 $p = .002$），一年级儿童的正确率高于幼儿园儿童（ $p < .001$ ）。

整词语义联系与年级的交互作用效应显著， $F (2, 146) = 5.04$， $p = .008$，说明三个年级表现出的效应模式并不完全相同。进一步简单效应分析表明，不同年级在语义联系低条件下的正确率存在差异， $F (2, 125) = 16.51$， $p < .001$。多重比较分析结果表明，二年级儿童的成绩高于一年级（ $p = .001$ ）和幼儿园（ $p < .001$ ）儿童，一年级和幼儿园儿童之间的差异不显著（ $p = .279$ ）。不同年级在整词语义联系高条件下的正确率差异也显著， $F (2, 125) = 10.12$， $p < .001$。多重比较分析结果表明，一年级和二年级儿童之间无显著差异（ $p = .227$ ），二者都显著高于幼儿园儿童（显著性分别为 $p = .029$ 与 $p < .001$ ）。

以上结果模式表明：对于整词语义联系高的词对，一年级儿童就能轻松地意识到两个词含有相同词素；而对于整词语义联系低的词对，二年级儿童才开始意识到它们包含相同的词素，也就是说儿童有关这类词的词素意识发展缓慢。从而表明了整词语义联系的高低对儿童词素的分解有明显的影响作用。

同时，进一步分析了各个年级被试对两种类型词的正确判断比例的差异大小。可以看到，每个年级内部都是整词语义联系高条件下的正确率高于整词语义联系低条件下的正确率。二年级： $F (1, 54) = 85.33$， $p < .001$。一年级： $F (1, 47) = 119.58$， $p < .001$。幼儿园： $F (1, 45) = 81.35$， $p < .001$。但是，三个年级在两种条件下的正确率的差异大小还是不同的， $F (2, 152) = 4.94$， $p = .008$。Scheffe 多重比较结果显示，二年级儿童两种词正确率的差异显著小于一年级和幼儿园儿童（分别为 .19、.30 和 .29，显著性分别为 .017 与 .056），一年级儿童和幼儿园儿童在两种词的正确率上的差异相同（显著性为 .914）。表明随着年龄的增长，儿童在识别词素的过程中受整词语义联系的影响越来越小，儿童的词素意识随年级的升高而逐渐增强，二年级阶段有比较明显的提升。

2.4　讨论

本研究通过让不同年龄的儿童判断具有不同语义联系的词对是否

包含相同的词素的任务来考察儿童词素意识的发展及其影响因素。研究表明，儿童词素意识的发展，或者说儿童对词素的识别能力受到整词语义联系的影响。这种影响表现在两个方面：第一，儿童在整词语义联系较低组的正确率低于整词语义联系高组的正确率，表明儿童对词素的分解与识别确实受到整词语义联系的影响；第二，语义联系高与语义联系低的词对正确率的差异随年龄增加而减小，表明儿童从整词中分解出词素的能力随着年级的升高而增强，整词语义联系的影响逐渐减弱。如果含有同一词素的几个词语意义相近，儿童容易识别出这几个词中共有的词素；相反，如果含有同一词素的几个词意义相差甚远，儿童则较难识别出其中共有的词素。该发现也说明儿童先获得整词，随着所掌握的含有同一词素的词（即家族成员）的增多，儿童逐渐从整词中分离出词素来。该结果与其他语言儿童书面词素的获得研究所得出的结论一致（Burani，Marcolini，& Stella，2002；Laxon，Rickard，& Coltheart，1992）。这两项研究考察的都是在阅读过程中词素如何从书面词汇中分解出来。Ho & Bryant（1997）也发现一些汉语儿童将"体魄"误读成"身魄"，因为"身体"是一个常用的双字词，"身"和"体"常常一块出现，当两个字中的任意一个与别的汉字组合成词后，儿童常常容易犯这种选择错误。作者认为在儿童的心理词典中存储的是整词，而不是词素。这个研究间接说明汉语儿童在学习阅读的时候，学习单元是整词，而非词素。本研究不仅证明在口语词汇发展中，儿童也是先获得整词，然后再从整词中分解出词素来，汉语儿童词素的获得是以整词为基础的，还进一步说明含同一词素的整词之间的语义联系是影响儿童词素分解的重要因素。

Bybee（1995）在考察儿童屈折词素意识发展的研究中提出，词素的类型频率是儿童词素意识发展的主要决定因素，如果某一词素在不同的词中重复出现，这些含有同一词素的词就会在儿童的词典中建立起某种联系。屈折词都是语义透明的多词素词，因此儿童屈折词词素意识的发展不会受到整词语义的影响。本研究进一步说明，儿童词素意识的发展，不仅需要一定数量的家族成员，同时需要同一词素家族的成员之间在语义上比较接近。成员间语义相近时，幼儿园儿童（5岁左右）就可以识别出其中共同的词素。

从正确率的分析中还可以看出，二年级儿童的词素意识有了很大的发展，但词素意识在小学低年级阶段还处在发展中，表现在以下两个方面：第一，二年级儿童在两种条件下正确率的差异显著小于一年级和幼儿园儿童，表明整词语义联系高低对儿童词素识别造成的影响到二年级时逐渐减小，儿童依赖整词进行判断的比例减小，而运用词素来判断的比例增大，但是二年级内部语义联系高与低两种条件下判断正确率的差异仍然显著，表明二年级儿童的词素意识还处于发展中；第二，在整词语义联系低的词对上，二年级儿童的正确率显著高于一年级和幼儿园儿童，而一年级和幼儿园儿童的正确率之间无显著差异，说明二年级儿童可以运用词素本身的意义来判断两个词语是否含有相同的词素，而一年级和幼儿园儿童则主要根据整词的语义来进行判断。因此，严格来说，整词语义联系低的词对的判断正确率应该是词素意识是否发展的更为可靠的指标。因为对于整词语义联系比较高的词对，儿童根据整词判断或者根据词素判断，都会得到较高的正确率；而对于整词语义联系比较低的词对，如果利用整词语义来判断，正确率会非常低，只有根据词素意义来判断，才会得到较高的正确率。因此在语义联系低条件下的正确率才是儿童词素意识的真正表现。一年级和幼儿园儿童对词素的识别还建立在整词语义联系的基础之上，基本上认为整词语义没有联系的词对就含有不同的词素。

本研究说明整词之间的语义联系高低是决定儿童词素分解与否的一个主要因素，因此，我们在随后的研究中继续保留这一因素。汉语存在两种词素：自由词素和黏着词素。二者的数量也差不多。两种词素最主要的区别是能否单独运用：自由词素，既可以独立成词，又可以和别的词素一起组合成词，如"狗""走""笑"等；而黏着词素则不能单独成词，只能跟别的词素组合成词，比如"民""展""务"等。自由词素除了作为一个构词单位在别的词中出现外，还可以单独作为一个词在语言中使用，因此具有自己独立的意义。那么，自由词素和黏着词素之间的这种区别是否会在儿童词素意识的发展上有所体现呢？我们通过实验四来考察这一问题。

三、词素类型对词素识别能力发展的影响（实验四）

3.1 实验目的

    本研究继续考察汉语学前儿童对词素的识别情况，McBride-Chang 等人（2003）的研究也考察了学前儿童对词素的识别，结果发现 5 岁儿童就可以成功地将同音词素区分开。但是我们实验三的结果表明，幼儿园大班儿童在整词语义联系低条件下的词素识别正确率接近几率水平。造成上述两个实验差异的一个原因在实验方法上，McBride-Chang 等人的任务有图片帮助儿童，儿童听到词语的同时会看到该词语所对应的图片，从而减少了记忆的负担，同时，她们的研究所考察的词语和词素也是比较具体的，而我们的实验三没有图片的帮助，所考察的词素范围也比较广。因此，我们在本实验中利用图片继续考察汉语学前儿童对词素识别的情况。

    实验三的结果表明，整词之间的语义联系是影响词素识别的主要因素，整词之间语义联系高，儿童可以根据整词的语义相似性来做出判断，因此识别正确率高。基于实验三的研究发现，我们粗略分析了一下 McBride-Chang 等人的实验材料，发现存在以下两个问题：第一，大部分材料的探测词和目标词之间语义联系偏高；第二，自由词素的数量较多。将所有实验材料按整词语义联系和词素类型匹配后进行分析，结果发现：整词语义联系高的项目（例如"山羊—羊毛"）和整词语义联系低的项目（例如"大风—风扇"）的正确率分别为 .67 和 .52；目标词素为自由词素的项目（例如"纸张—彩纸"）与目标词素为黏着词素的项目（例如"医院—医生"）的正确率分别为 .72 与 .47。因此，本研究的第二个目的是考察整词语义联系和词素类型对汉语学前儿童词素识别能力发展的影响。

    由于自由词素和黏着词素在语言中运用的灵活程度不同，因此其语义表征建立的难易程度也应该不同。国外对儿童词素意识的研究主要集中在词缀上，很少考察儿童对词根的意识，尤其不关注黏着词根的发展。仅有的几项成人的研究表明黏着词素的分解要求家族成员之间语义一致且黏着词素本身能产性较好（Forster & Azuma，2000；

Marslen-Wilson et al., 1994）。基于前人的研究，我们假设自由词素的分解较少受或不受整词之间语义联系的影响，因为自由词素本身就有比较确切的语义表征，而黏着词素的分解一定得依赖整词之间的语义联系，因为黏着词素不能单独运用，没有确切的语义表征，因此需要含有同一词素的家族成员在语义上比较接近且达到一定的数量才能从整词中抽取出来。

3.2　研究方法

3.2.1　被试

同实验一，幼儿园小班孩子 39 人，中班孩子 39 人，大班孩子 36 人。

3.2.2　实验设计

采用重复测量两个因素的三因素混合实验设计：2（整词语义联系）×2（词素类型）×3（年龄）。其中，整词语义联系和词素类型是重复测量的被试内因素。整词语义联系有两个水平：整词语义联系高和整词语义联系低。词素类型也有两个水平：自由词素和黏着词素。年龄是被试间因素，有三个水平：3 岁、4 岁和 5 岁。

3.2.3　实验材料

实验包括 20 个目标词，每个目标词均设置了二个探测词，其中两个探测词和目标词的词素只是语音相同，另一个探测词和目标词含有相同的词素。例如，目标词是"羊毛"，三个探测词分别是："太阳""海洋"和"绵羊"。其中"太阳"和"海洋"是同音探测词，"绵羊"是词素探测词。实验材料通过改变词素探测词和目标词之间的语义联系以及词素类型来确定。

首先，选择 40 对含有相同词素的词对，并把这 40 个词素按自由和黏着分成两类。由于汉语中还没有一本词典对每个词素的类型进行过分类与界定，因此，我们请北京语言大学语言学专业的 20 名硕士生和博士生在 3 点量表上对实验所用词素进行了分类。3 点量表为："1"表示完全可以单用，"2"表示在一定条件下可以单用，"3"表示完全不可以单用。这种分类方法参考了陈亚川、郑懿德主编的《吕叔湘著〈语法分析问题〉助读》中关于汉语词素单用和不单用的分类标准。我们将完全可以单用的作为本研究的自由词素，将完全不可以单用的作为黏着词素，最终选出 15 个自由词素和 15 个黏着词素。

然后，在 7 点量表上对 30 对词的语义联系进行了评定，方法同实验三。同时让幼儿园的老师对词语的熟悉性进行了评定，保证所选词语是儿童口语中熟悉的。从中选出 10 对整词语义联系高的词对，整词语义联系的平均评定值为 4.40，10 对整词语义联系低的词对，平均评定值为 2.50。两组材料中每组各有 5 个是自由词素，5 个是黏着词素。两因素组合成下面四组实验材料：

整词语义联系高，自由词素：象棋—跳棋 红旗 骑马。

整词语义联系高，黏着词素：教室—卧室 护士 西红柿。

整词语义联系低，自由词素：跳高—高楼 蛋糕 牙膏。

整词语义联系低，黏着词素：蜡烛—蜡笔 腊肠 辣椒。

3.2.4 实验程序

给被试呈现 3 幅图片，这 3 幅图画所对应的词语包含同音词素。同时，主试说出每幅图片的名称，并提醒被试这三幅图片的名字中都有一个相同的音。然后口头呈现目标词，让被试从 3 幅图画中选出 1 幅与主试说出的词意思最接近的图片。以"教室—卧室"为例，出示给被试的 3 幅图片分别为"卧室""护士"和"西红柿"，考察的目标词是"教室"，让儿童从 3 幅图片中找出与"教室"意思最接近的图片来。

3.2.5 实验预期

由上一个实验可知，该年龄阶段的儿童在进行词素识别的时候应该会受到整词语义联系的影响，表现为整词语义联系高条件下的正确率会高于整词语义联系低条件下的正确率，同样也会表现出年龄发展特点。另一方面，由于黏着词素的语义表征需要依赖于整词之间的语义联系，自由词素的语义表征不依赖于整词之间的语义联系，因此，词素类型和整词语义联系可能存在交互作用。而且，儿童从运用整词语义向运用词素语义过渡是一个渐变的过程，在过渡过程中有可能既使用整词语义，又使用词素语义，但学前儿童由于词素分解能力还较弱，会倾向于较多使用整词语义进行识别，较少运用词素语义进行识别，因此，在学前儿童中可能观察不到整词语义联系和词素类型的交互作用。

3.3 结果

三个年龄段儿童对不同类型的词素正确识别的比例见表 9 和图 8。

表 9　三个年龄段儿童词素识别的正确率及标准差

年龄	语义联系高		语义联系低	
	自由词素	黏着词素	自由词素	黏着词素
3 岁	.66（.21）	.59（.26）	.40（.20）	.39（.22）
4 岁	.79（.18）	.73（.21）	.53（.20）	.37（.24）
5 岁	.76（.21）	.80（.19）	.59（.24）	.53（.24）
平均	.74	.71	.51	.43

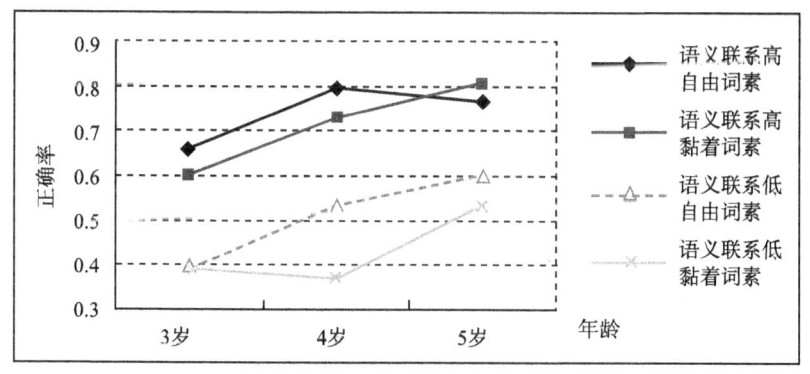

图 8　三个年龄段儿童对不同类型词素识别的正确率

对三个年龄段儿童词素识别的正确率进行 2（整词语义联系）× 2（词素类型）× 3（年龄）方差分析，结果如下：

整词语义联系的主效应显著，$F（1, 111）= 169.91$，$p < .001$，说明

目标词和探测词之间的语义联系不同，被试词素识别的正确率也不同，语义联系高的比语义联系低的正确率高，重复了实验三的结果。

词素类型的主效应显著，$F(1, 111) = 7.83$，$p = .006$，表明被试对不同类型词素识别的正确率存在差异，即自由词素的正确率高于黏着词素。

年龄的主效应显著，$F(1, 111) = 13.02$，$p < .001$，表明三个年龄段儿童词素识别的正确率存在差异。Scheffe 多重比较发现，5 岁组和 4 岁组之间的差异不显著（$p > .10$），二者的正确率均高于 3 岁组（$ps \leq .01$）。

整词语义联系和词素类型的交互作用不显著，$F(1, 111) = 1.57$，$p = .212$。整词语义联系和年龄的交互作用不显著，$F(2, 111) = 2.11$，$p = .126$。词素类型和年龄的交互作用边缘显著，$F(1, 111) = 2.82$，$p = .064$，进一步多重比较发现：在自由词素的识别正确率上，5 岁组和 4 岁组之间的差异不显著（$p > .10$），二者都高于 3 岁组的正确率（$p = .002$，$p = .001$）；在黏着词素的识别正确率上，5 岁组高于 4 岁组和 3 岁组（$p < .001$，$p = .019$），4 岁组和 3 岁组之间无显著差异（$p > .10$）。说明学前儿童在两种词素上的发展速度是不一样的：自由词素的发展较早，4 岁组较 3 岁组有较大提高，黏着词素的发展较晚，5 岁组开始发展，并达到了与自由词素相似的水平（.67 vs. .68）。三个年龄段孩子在两种词素上的正确率见表 10：

表 10 三个年龄段孩子对自由词素和黏着词素判断的正确率

年龄	自由词素	黏着词素
3 岁	.53（.15）	.49（.18）
4 岁	.66（.15）	.55（.18）
5 岁	.68（.18）	.67（.16）
平均	.62	.57

3.4　讨论

本研究的结果表明，与实验三类似，整词语义联系也是影响学前儿童词素识别的一个重要因素。从表11可以看出，整词语义联系高和低这两种条件下的儿童词素识别正确率的差异非常大。表明儿童在进行词素识别时非常依赖整词之间的语义联系，对语义联系高的词对倾向于认为它们含有同一个词素，对语义联系低的词对倾向于认为它们含有不同的词素。

词素探测词和目标词的语义联系较高时（例如"卧室"—"教室"），目标词与另外两个同音探测词之间的语义联系相对来说较低（例如"教室"—"护士"，"教室"—"西红柿"），儿童可以根据整词之间的语义关系进行判断，所以正确率高；词素探测词与目标词的语义联系较低时（例如"蜡烛"—"蜡笔"），目标词和三个探测词之间的语义联系都比较低（例如"蜡烛"—"腊肠"，"蜡烛"—"辣椒"），迫使被试必须分解到词素才能做出正确的选择，因此儿童的正确率也较低。表明学前儿童在识别词素时对整词之间的语义联系依赖比较大。但也可以看到，在目标词和词素探测词语义联系较低的条件下，三个年龄段被试的正确率随年龄升高而显著增长，正确率从3岁时的.40增长到5岁时的.56，表明整词语义联系对儿童词素分解的影响随年龄增长而减弱，词素意识随年龄升高而逐渐增强。

表11　三个年龄段孩子对整词语义联系不同的两种词对判断的正确率

年龄	语义联系高	语义联系低
3岁	.63	.40
4岁	.76	.45
5岁	.78	.56
平均	.72	.47

除此之外，我们还发现，儿童对词素的识别也受到词素类型的影响，自由词素的识别正确率（.62）高于黏着词素的正确率（.57）。究其原因，主要是自由词素的语义比较具体，在心理词典中的表征比较精

确，因此词素探测词和目标词之间的词素关系容易识别，而黏着词素的表征与家族词汇量的发展有关系，需要依赖于家族的发展及家族成员之间的语义联系，因此，词素探测词和目标词之间的词素关系较难识别，导致黏着词素的正确率低。

同时，自由词素和黏着词素存在不同的发展时期和速度。从表10可以看出：自由词素发展较快，5岁组和4岁组之间没有显著差异，4岁组和3岁组之间的差异显著，说明自由词素在3岁到4岁之间有了快速的发展；而黏着词素的发展却落后些，5岁组儿童的正确率显著高于4岁组儿童，表明5岁组儿童黏着词素的表征逐渐精确。虽然5岁组孩子对黏着词素识别的正确率有了提高，但是自由词素和黏着词素的识别正确率无显著差异，而且总体上正确率都不太高，表明学前儿童对词素的识别能力还处于不断发展中。

意外的是，我们没有发现整词语义联系和词素类型之间的交互作用。对于自由词素，整词语义联系高的词对与整词语义联系低的词对正确率的差异为.23，对于黏着词素，整词语义联系高的词对与整词语义联系低的词对正确率的差异为.28，表明自由词素和黏着词素的识别同等程度地受到整词语义联系的影响。而且从总体平均数上看，语义联系高的正确率和语义联系低的正确率之差为0.26，而自由词素与黏着词素的正确率之差为0.06，说明相对于词素类型来说，整词语义联系是影响学前儿童词素识别的更重要因素。

虽然本研究发现整词语义联系和词素类型都是影响儿童词素识别的重要因素，但是由于所用到的项目均配有相应的图片，所考察的词素都是可以用图画表现的，具体性比较高，可选择的词素范围也比较有限，研究未发现词素类型和整词语义联系的交互作用，从自由词素和黏着词素的分析结果来看，虽然5岁组孩子在自由词素和黏着词素上已经没有差异，但是正确率还不算太高（自由词素正确率为.68，黏着词素为.67），说明学前儿童词素识别的能力相对来说还比较薄弱。我们通过实验五来继续考察词素类型和整词语义联系对上学后儿童词素识别的影响。

四、词素类型对上学后儿童词素识别能力发展的影响（实验五）

4.1　实验目的

本实验继续考察整词语义联系和词素类型对小学低年级儿童词素识别的影响。

4.2　研究方法

4.2.1　被试

同实验三中被试所在的班级，但是参加的人数比实验三少，一年级被试 43 人，二年级被试 50 人。

4.2.2　实验设计

与实验四类似，采用重复测量两个因素的三因素混合设计：2（整词语义联系）×2（词素类型）×2（年级）。其中，整词语义联系和词素类型是被试内因素。整词语义联系有两个水平：语义联系高和语义联系低。词素类型有两个水平：自由词素和黏着词素。年级是被试间因素，有两个水平：一年级和二年级。

4.2.3　实验材料

与实验四类似，40 对关键材料，40 对填充材料。关键材料中包含 20 对整词语义联系较高的词对和 20 对语义联系较低的词对，两组当中有 10 个自由词素和 10 个黏着词素。还有 40 对同音词素词作为填充材料。四组材料举例如下：

整词语义联系高、词素为自由词素：象棋—跳棋。

整词语义联系高、词素为黏着词素：围巾—丝巾。

整词语义联系低、词素为自由词素：海带—皮带。

整词语义联系低、词素为黏着词素：摇篮—花篮。

与之前的实验类似，关键材料经过整词语义联系的评定和自由、黏着的评定。其中自由词素组整词语义联系高的评定值为 5.16，整词语义联系低的评定值为 2.30；黏着词素组整词语义联系高的评定值为 5.34，整词语义联系低的评定值为 2.50。

▌4.2.4　实验程序

同实验三，个别施测，主试口头呈现一对词，让被试判断其中同音的部分是不是同一个字。

▌4.2.5　实验预期

结合实验三和实验四的研究发现，我们预测，小学低年级儿童词素识别的能力应该比学前儿童强，因此，整词语义联系对上学后儿童的影响减弱，词素类型的影响增强。

由于黏着词素语义表征的获得需要依赖于整词之间的语义联系，自由词素语义表征的获得较少依赖于整词之间的语义联系，因此随着儿童词素识别能力的增强，词素类型和整词语义联系之间的交互作用应该表现出来。

4.3　结果

同实验一一样，首先剔除"否"反应正确率低于 25%，但"是"反应的正确率特别高的被试的数据。一年级和二年级删除的被试数分别为 9 和 5，最后参与分析的被试数为 79，其中，一年级 34 人，二年级 45 人。最终各组材料的判断正确率见表 12 和图 9。

表 12　一、二年级学生对不同类型材料的判断正确率

年级	语义联系高		语义联系低	
	自由词素	黏着词素	自由词素	黏着词素
一年级	.68	.64	.68	.57
二年级	.71	.75	.77	.69
平均	.70	.70	.72	.63

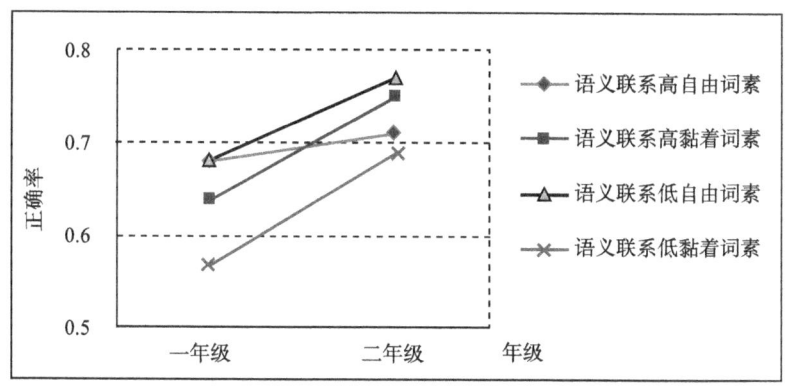

图9　两个年级儿童对不同类型词素识别的正确率

对两个年级儿童词素识别的正确率进行2（词素类型）×2（整词语义联系）×2（年级）方差分析，结果如下：

词素类型的主效应显著，$F(1,77)=9.96$，$p=.002$，表明被试对不同类型词素识别的正确率存在差异。结合表12中的平均数，被试自由词素的正确率要高于黏着词素的正确率。整词语义联系的主效应不显著，$F(1,77)=1.24$，$p=.268$，表明被试在整词语义联系高和低两种条件下的正确率没有差异。年级的主效应显著，$F(1,77)=10.124$，$p<.001$，表明二年级儿童的正确率比一年级儿童高。

词素类型和年级的交互作用边缘显著，$F(1,77)=3.12$，$p=.081$。简单效应检验发现：一年级儿童在自由词素上的正确率和在黏着词素上的正确率存在差异，$F(1,77)=10.63$，$p=.002$；而二年级儿童对两种词素的判断正确率无显著差异，$F(1,77)=1.12$，$p=.292$。说明词素类型对一年级儿童的词素识别有影响，而对二年级儿童的词素识别没有影响，表明二年级儿童的词素意识有了较大的发展。

词素类型和整词语义联系的交互作用显著，$F(1,77)=10.12$，$p=.002$，表明不同类型的词素对整词语义联系的依赖程度不同。进一步简单效应分析发现，整词语义联系效应在自由词素上不显著，$F(1,77)=1.78$，$p=.186$，也就是说整词语义联系高和低的词对正确率非常接近，但是在黏着词素上，整词语义联系效应显著，整词语义联系高的词对正确率明显高于联系低的词对，$F(1,77)=11.39$，$p=.001$。也就是说在自由词素上，整词语义联系高和低的词对正确率非常接近，而对于黏着词素来说，整词语义联系高的词对正确率明显高于联系低的词对。这说明了被试对自由词素的判断没有或较少依赖于整词语义联系，而对黏着词素的判断仍然要依赖于整词语义联系。

4.4 讨论

本研究的结果表明，词素类型是影响一、二年级儿童词素识别的一个重要因素。儿童对自由词素的识别正确率显著高于对黏着词素的识别正确率。但是一、二年级儿童在这两种词素上的正确率的差异并不一致。一年级儿童在两种词素类型上的正确率存在差异，自由词素的正确率显著高于黏着词素的正确率，而二年级儿童在这两类词素类型上的正确率无显著差异。表明二年级儿童的词素识别能力有了很大的发展，不再受词素类型的影响。

儿童对两类词素的识别还受到整词语义联系程度的影响。儿童对自由词素的识别较少受到整词语义联系的影响，而对黏着词素的识别却较多地受到整词语义联系的影响，即对整词语义联系高的词对识别的正确率显著高于整词语义联系低的词对。表明两类词素对整词语义联系的依赖程度不同，自由词素的识别可以不依赖于词素家族成员之间语义联系的高低，而黏着词素的识别却需要同一词素家族内部成员之间语义联系的帮助。词素家族成员语义关系的紧密程度对于一年级儿童来说尤为重要，我们从图9就可以看出这一点，一年级儿童对整词语义联系较低条件下黏着词素的识别正确率最低。

上述结果表明，相比于学前儿童（实验四），一、二年级儿童在识别词素的过程中，开始更多地依赖词素本身的意义，而减少了对含有同一词素的词语之间的语义联系的依赖。总体来说，黏着词素较难识别，自由词素更容易被识别。虽然在本研究中词素类型的差异在二年级消失了，但是我们并不认为词素类型对二年级及以上年级儿童的词素识别的影响就不存在了，这还需要更多的研究来进一步探讨。 词素的具体性、可表象性、义项多寡等因素均有可能影响词素的获得。

4.5　实验三、四、五小结

实验四和实验五分别考察了整词语义联系和词素类型对学前儿童和上学后儿童词素识别的影响。结果发现学前儿童受整词语义联系的影响更大，而上学后儿童受词素类型的影响更大。这表明学前儿童词素识别的能力有限，难以分解到词素，主要依赖整词之间的语义联系来识别词素，因此，词素自身的特征起的作用比较小。对于学前儿童来说，词素类型对词素识别的影响虽然微弱，但是不同年龄的儿童仍表现出不同的影响模式。由于3岁儿童的词素识别能力比较差，主要依赖整词之间的语义联系，因此没有体现出词素类型的影响。4岁儿童对自由词素的识别正确率比3岁儿童高，对黏着词素的识别正确率与3岁儿童差不多，而5岁儿童对黏着词素的识别正确率超过4岁儿童，表明随着词素意识的发展，儿童运用词素意义来识别词素的能力逐渐增强，词素类型的影响逐渐体现出来。年龄更大的一、二年级儿童运用词素的意义进行识别的能力继续增强，所以较少依赖整词之间的语义联系，更多受到词素类型的影响，由于自由词素和黏着词素获得表征的难易程度不同，因此识别的正确率存在差异。

Chen（2000）比较了幼儿园大班儿童和二年级儿童对同音字字形异同的判断，发现超过一半的大班儿童（64%）使用语音策略来判断同音字的字形关系，而超过四分之三的二年级儿童（86%）使用较复杂的语音语义策略，例如，二年级的孩子会说："乌鸦的鸦和鸦片的鸦写起来不一样，因为'乌鸦'与'鸦片'的意思不一样。"说明儿童还是根据整词之间的语义联系来区分同音词素的。语音策略是以语音来决定两个音节是否对应于相同的字形，也就是说读音相同，儿童就倾向于认为它们应该是同一个词素，字形也应该是相同的，如果读音不同，那么儿童就认为它们是不同的字，字形也不一样。语音语义策略是综合利用语音和语义两个维度的信息来共同决定两个相同的音节是否对应于同一个汉字。Chen没有区分他的研究中提到的语义是指整词语义还是词素语义，但是从本研究实验四和实验五的结果来看，儿童在区分同音词素时综合运用了整词语义和词素意义，由于学前儿童心理词典中虽然有词素的表征，但是这种表征受到多种因素的影响，还不太成熟，因此整词语义是学前儿童首选的策略。运用整词语义无法解决问题时，儿童才转而求助于表征还不太确切的词素语义，因此在整词语义联系低的条件下，正确率非常低。但是，对词素语义的运用随年龄的增长而增长。一年级儿童对整词语义的运用逐渐减少，对词素语义的运用逐渐增多，因此表现出词素类型的影响。二年级儿童对黏着词素的识别能力进一步增强，儿童词素识别的策略逐渐从整词语义策略向词素语义策略发展过渡。

从实验三的结果可以知道整词之间的语义联系是影响儿童词素分解的一个重要因素，通过实验四和五我们发现，整词语义联系是影响黏着词素分解的一个重要因素，由于黏着词素不能单独运用，必须和别的词素组合成词后才能进入句子，因此儿童在学习时，应该是先学了包含该词素的整词，通过分析整词之间的意义联系来获得黏着词素的表征。实验五没有发现整词语义联系对自由词素的影响，说明自由词素在心理词典中已经有了一定的表征。但是，是否就真的表示自由词素的获得都不受整词语义联系的影响呢？我们通过实验六来进一步考察这个问题。

五、词素获得顺序对词素识别能力发展的影响（实验六）

5.1 实验目的

就汉语的自由词素而言，一部分自由词素是在学习由该自由词素构成的整词之前就已获得了的，例如"线"，儿童先学会"线"，之后才学会"毛线""电线"等词。还有一部分自由词素是学习整词之后逐渐分解出来的，例如"环"，儿童先学了"耳环""花环"等词之后才逐步获得"环"这个单字词。先于整词获得的自由词素，在整词获得之前就有比较精确的语义表征。而对于后获得的自由词素，像黏着词素一样，需要从整词中分解出来后才有独立的表征，这两种自由词素识别的发展是否存在差异是本实验关心的主要问题。

5.2　研究方法

5.2.1　被试

同实验三中被试，但是参加的人数比实验三少，一年级被试 40 人，二年级被试 50 人。

5.2.2　实验设计

采用重复测量两个因素的三因素混合实验设计：2（整词语义联系）×2（词素相对于整词的获得顺序）×2（年级）。其中，整词语义联系和词素获得顺序为被试内因素。整词语义联系分为整词语义联系高和整词语义联系低两个水平。词素获得顺序也有两个水平，即词素先于整词获得和词素后于整词获得。年级是被试间因素，有一年级和二年级两个水平。

5.2.3　实验材料

首先，根据《现代汉语词典》选择 65 个自由词素及由其组成的一对词，为了保证所选的材料符合标准，我们对这 65 个词素和整词的相对获得顺序进行了评定，并对 65 对词进行了整词语义联系及熟悉性评定。

请北京师范大学心理学院 20 名大学生在 3 点量表上对词素及由其所构成的一对词的相对获得顺序进行了评定。"1"表示最早学会，"3"表示最晚学会，"2"表示学会的时间居中。要求被试仔细回忆一下自己是什么时候会说这些词的，并且按学会的时间顺序把每个词的编号依次写在对应的列内。被评定的词素及由其组成的一对词在量表中按随机顺序排列，举例如下：

A	B	C
跳棋	象棋	棋

1	2	3

整词语义联系和熟悉性的评定方法同实验三。根据词素获得先后的评定结果、词对整词语义联系的评定结果和熟悉性的评定结果，选出

符合条件的关键材料 40 对，其中包括 20 对整词语义联系较高的词对和 20 对整词语义联系较低的词对。两组材料中每组都有 10 个词素是先获得的，另外 10 个词素是后获得的。其中词素先获得的词对，整词语义联系高的评定值为 5.17，整词语义联系低的评定值为 2.49，$t(18) = 11.27$，$p < .001$；词素后获得的词对，整词语义联系高的评定值为 5.06，整词语义联系低的评定值为 2.50，二者差异显著，$t(18) = 9.42$，$p < .001$。整词语义联系高的两组材料之间的差异不显著，$t(18) = 0.50$，$p = .626$；整词语义联系低的两组材料之间的差异也不显著，$t(18) = -0.35$，$p = .728$。

先于整词获得的词素，整词语义联系高与低组的熟悉性分别为 2.11 和 1.99，后获得的词素，整词语义联系高与低组的熟悉性分别为 1.89 和 2.02，四组实验材料的熟悉性之间的差异不显著，$F(3, 36) = 0.21$，$p = .890$。四组实验材料举例如下：

整词语义联系高、词素先于整词获得：地球—皮球。

整词语义联系高、词素后于整词获得：象棋—跳棋。

整词语义联系低、词素先于整词获得：毛线—电线。

整词语义联系低、词素后于整词获得：耳环—花环。

5.2.4　实验程序

同实验三。

5.2.5　实验预期

本研究要考察的两个被试内因素是整词语义联系和词素获得先后，其中，词素获得先后是词素自身的特点。从实验四和实验五的结果可以看出，上学后儿童的词素识别较少受到整词语义联系的影响，较多受到词素自身因素的影响。但是在词素本身较难分解的情况下，儿童会转而依赖整词之间的语义联系。我们认为，后获得的词素，与黏着词素类似，会依赖于家族词汇量的发展以及家族成员之间的语义联系，发展会慢一些。因此，我们预期本实验会发现词素获得先后对词素识别的影响，同样会发现整词语义联系对儿童词素识别的影响，同时还会观察到词素获得顺序和整词语义联系之间的交互作用，即整词语义联系对词素晚获得的词影响较大。

5.3 结果

同样，首先剔除了"否"反应正确率低于25%，但"是"反应的正确率特别高的被试的数据。一年级、二年级删除的被试数分别为10、7，最后参与分析的被试为73人，其中，一年级30人，二年级43人。最终四组实验材料判断的正确率见表13和图10。

表 13   一、二年级学生四组材料的正确率

年龄	语义联系高		语义联系低	
	词素先获得	词素后获得	词素先获得	词素后获得
一年级	.80	.70	.53	.58
二年级	.89	.80	.69	.68
平均	.85	.75	.61	.63

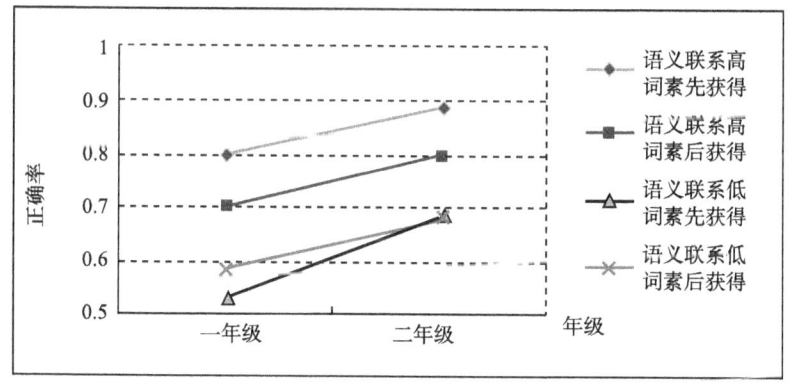

图 10   两个年级儿童对不同类型词素识别的正确率

对两个年级儿童词素识别的正确率进行2（整词语义联系）×2（词素获得顺序）×2（年级）方差分析，结果如下：

词素获得先后的主效应显著，$F(1, 84) = 9.35$，$p < .001$，词素先于整词获得的词对正确率和词素后来获得的词对的正确率存在差异。结

合表 13 的平均数可以看出，词素先获得的词对的正确率高于词素后获得的词对的正确率。整词语义联系的主效应显著，$F(1, 84) = 114.43$，$p < .001$，说明两种实验条件下被试的正确率存在差异，结合平均数来看，被试在整词语义联系高的词对上的正确率高于整词语义联系低的词对的正确率。年级的主效应显著，$F(1, 84) = 18.66$，$p < .001$，表明两个年级的正确率存在差异，从表 13 可以看出，二年级被试的正确率高于一年级被试的正确率。

词素获得先后和整词语义联系的交互作用显著，$F(1, 84) = 18.58$，$p < .001$，表明获得顺序不同的自由词素在识别的过程中对整词语义联系的依赖程度是不同的。进一步简单效应分析发现，整词语义联系的效应无论在词素获得早还是获得晚的词对上都显著①。而在另外一个方向上，词素获得顺序效应在整词语义联系低的词对上不显著，$F(1, 84) = 1.05$，$p = .308$，而在整词语义联系高的词对上是显著的，$F(1, 84) = 33.78$，$p < .001$。结合平均数可以看出，在整词语义联系低组，词素获得早和晚两种材料的正确率都比较低，而且没有差异，而在整词语义联系高组，词素先获得的正确率高于词素后获得的正确率。

5.4 讨论

本研究的结果表明，词素获得的相对顺序是影响一、二年级儿童词素识别的另一个重要因素。一、二年级被试在先获得的词素上的正确率高于后获得的词素的正确率，表明词素获得顺序影响儿童词素的识别，主要是后获得的词素的识别需要依靠家族成员的数量及语义联系。

儿童对两类自由词素的识别还受到整词语义联系的影响，在语义联系低的条件下，不论先获得的词素还是后获得的词素，正确率都比较低，表明儿童利用词素的意义进行识别的能力还比较差，因此词素获得先后的效应没有表现出来。在整词语义联系高的条件下，如果儿童完全根据整词语义来进行判断，先获得词素的正确率和后获得词素的正确率应该没有差异，但事实上，我们发现两类词素在整词语义联系高条件下

---

① 早：$F(1, 84) = 158.10$，$p < .001$。晚：$F(1, 84) = 22.14$，$p < .001$。

正确率的差异很明显，这表明儿童可能不同程度地运用了两种策略来进行判断，即整词语义策略和词素语义策略。对于后获得的词素，需要依赖更多的家族词汇量才能分解，所以只是运用了整词语义策略，而较少运用词素语义来帮助判断，而对于先获得的自由词素，既可以运用整词语义，又可以运用词素语义，因此正确率有较大提高。

从实验三到实验五的结果中我们可以看出，在词素识别的过程中，具有相同词素的整词之间的语义联系以及词素类型在不同年龄儿童的词素识别上展现出交互式影响，例如在实验四中，所考察词素都是可以用图片描绘出来的，因此具体性高，而且词素所组成的词语也是儿童口语中熟悉的，因此 5 岁儿童在识别这些词素的过程中，整词语义联系所起的作用比较微弱，而词素的类型起更大的作用。但是在实验五中，所考察的词素的范围扩大了，不再局限在非常具体而且口语中非常常见的词素上，所以即使是二年级的儿童在识别黏着词素的时候也需要依赖整词语义联系的帮助。在本实验中，可能由于选择整词先获得、词素后获得的材料在具体性、可表象性、能产性等方面较差，所以一、二年级的儿童对这部分词素的识别表现出较大的困难，因此词素自身的难度导致整词语义联系也很难起到提示与帮助的作用。例如"饮料"与"塑料"。因此对于小学低年级的儿童来说，可能需要较多的含有"料"的词语来帮助他们抽取出"料"这个词素来，即使含有共同词素的两个词对之间的语义联系较高，也并不足以帮助他们将共同的词素分离出来。这几个实验的结果允分说明了，词素本身的特点，例如具体性、口语中是否常用、能产性等是影响儿童词素识别的非常重要的因素。

第6章
汉语儿童词素意识与词汇量、阅读发展的关系

从第三章的综述中我们发现，在国外词素意识的研究中，特别关注词素意识对儿童阅读发展的影响，尤其是早期的词素意识对小学阶段阅读成绩的预测作用。例如，Casalis & Louis-Alexandre（2000）发现学前儿童在词素意识上的成绩可以预测一、二年级的阅读成绩。Carlisle（1995）也发现一年级儿童在词素意识上的成绩可以预测二年级的阅读理解成绩。就汉语而言，只有几例研究关注词素意识对早期阅读的预测作用。Li 等人（2002）考察了一年级和四年级儿童词素意识对阅读的贡献，发现每个年级的词素意识都对阅读有较大的预测作用，但是她们的词素意识既包括字水平的词素意识，即对形旁的意识，又包括词水平的词素意识，没有区分每种词素意识对阅读独自的贡献，因此不知道词水平的词素意识是否对阅读有单独的贡献。McBride-Chang 等人（2003）分别考察了幼儿园儿童、二年级儿童的词素分解组合能力以及词素识别能力对阅读的预测作用。她们用汉字识别任务作为阅读的指标，发现词素识别能力只可以预测幼儿园儿童的汉字识别成绩，对二年级儿童的汉字识别成绩没有预测作用，词素分解组合能力可以预测两个年级儿童的汉字阅读成绩，表明词素意识的不同方面也许对阅读的发展有不同的影响。而对于词素意识与词汇知识发展的关系，研究者关注的也多是上学后的儿童，鉴于此，本研究的第一个主要目的是考察汉语学前儿童与小学低年级儿童词素意识的发展对口语词汇量、听觉理解与阅读理解的贡献。

在有关词素意识对读写能力发展贡献的研究中，争论的其中一个焦点是词素意识对读写能力的贡献是否能与语音意识的贡献分开。因为语

音意识对汉语儿童阅读能力的发展起着非常重要的作用（Ho & Bryant，1997），因此在研究汉语儿童词素意识的作用时，有必要分清楚在排除语音意识的影响后词素意识能否有自己独立的贡献。同时，词素意识对读写能力发展的贡献是否会随着年级的升高而逐渐增强？这是本研究的第二个主要目的。

针对上述实验目的，我们进行了以下几项测验与分析：（1）对参与第四章学前儿童词素分解组合实验（实验一与实验二）与第五章学前儿童词素识别能力实验的被试进行了词汇量测验与听觉理解测验，以考察学前儿童词素意识发展的不同方面与口语词汇量发展、听觉理解发展之间的关系；（2）对参与第五章实验的小学一、二年级被试进行了词汇量测验与阅读理解测验，以考察小学低年级儿童的词素识别能力对阅读理解发展的贡献；（3）选择另外一组小学一、二年级的学生为研究对象，考察他们有关复合词的结构意识与构建意识与词汇量、汉字认读成绩之间的关系，同时考察语音意识与词素意识对词汇量与汉字认读成绩的相对贡献。

一、学前儿童词素意识与词汇量发展之间的关系

1.1　研究方法

1.1.1　被试

同实验一。

1.1.2　实验材料

学前儿童的词汇量测验仿照了 PPVT 的图片识别测验。PPVT 是 Peabody Picture Vocabulary Test 的首字母缩写，是由 Llyod M. Dunn 和 Leota M. Dunn 于 1959 年研制的，用来测量说英语儿童的接受型词汇量的标准化测验。该测验的每个项目包括 4 幅图片，主试口头呈现一个词

语，要求被试从这 4 幅图片中找出与词语相匹配的图片来。该测验能够迅速准确地测量不同年龄儿童的词汇量水平，但是如果用于汉语儿童，还需要加以改进。

由于汉语大部分词语都是复合词，复合词的词义与词素词义之间存在直接或间接的联系，因此，把 PPVT 的测试项目翻译成汉语词语之后，儿童的正确率特别高。因为儿童可以借助于生词中词素的意义来推测整词的意义，正如我们在第四章的实验中发现的一样。这样的结果不能真正代表儿童实际掌握的词汇量，因此 PPVT 并不适合用于汉语儿童词汇量的调查。为了避免儿童运用词素来推测生词意义，我们在选择图片的时候尽量选择不透明的词，或者单字词，或者词素不熟悉但整词属于儿童口语词汇范围的词。

仿照 PPVT 的做法，每组实验材料由 4 幅图画组成，在 A4 纸上横向排列，上下各两幅。图画之间用线条隔开。以"海豚"为例，4 幅图画分别为目标图片"海豚"、语音干扰图片"孩子"、语义干扰图片"海马"和无关控制图片。每个项目的 4 幅图片按随机顺序排列，共包括 60 个汉语双词素词，为了顾全三个年龄段被试的词汇量，我们根据前测结果分别挑选出 20 个 3 岁儿童熟悉的词语，20 个 4 岁儿童熟悉的词语，20 个 5 岁儿童熟悉的词语。

1.1.3　实验程序

同实验一。个别施测，由经过训练的普通话标准的主试陪着孩子在安静的房间内进行。指导语是这样的："小朋友，你好！我们来做一个找东西的游戏，我给你看 4 幅图画，并给你说一个名字，请你从这 4 幅图画中把我说的东西找出来并指给我看，好吗？"主试在答题纸上记录被试的选择情况。

1.2　结果与讨论

1.2.1　词汇量测验结果

3 到 5 岁儿童图片识别的正确率以及语义错误与语音错误的比例见

表 14，可以看到 3 至 5 岁儿童的正确率由 58% 提升至 80%，犯语音、语义错误的比例在下降，这意味着儿童的词汇量在此期间稳步增长。

表 14　学前儿童词汇量测验的正确率以及语义、语音错误的比例

年龄	正确率	语义错误	语音错误
3 岁	0.58	0.23	0.12
4 岁	0.71	0.19	0.09
5 岁	0.80	0.14	0.06
平均	0.67	0.19	0.09

1.2.2　学前儿童词素意识与词汇量发展的关系

在前两章的六个实验中，实验一和实验二都考察了学前儿童对词素的分解组合能力，我们以两种条件下的平均成绩分别作为词素分解组合能力的数据指标，两个实验的分解组合能力分别为词素组合 I、词素组合 II，实验四考察了学前儿童的词素识别能力（区分同音词素的能力），为了清楚地了解汉语学前儿童词素意识的不同方面与口语词汇量发展之间的关系，我们首先对儿童在这三种词素意识上的成绩、年龄和口语词汇量进行了相关分析。结果见表 15。

表 15　学前儿童词素意识各指标与口语词汇量相关矩阵

	年龄	词素组合 I	词素组合 II	词素识别
词素组合 I	.37**			
词素组合 II	.59**	.54**		
词素识别	.43**	.40**	.44**	
口语词汇量	.63***	.46**	.56**	.41**

表示在 0.01 水平上显著（双尾），*表示在 0.001 水平上显著（双尾）。

从表 15 可见，词素意识的不同方面与口语词汇量之间都存在显著的正相关，表明词素意识和词汇量的发展确实有密切的关系。我们通过下面的回归分析来深入了解汉语学前儿童的词素意识对口语词汇量发展的贡献。

1.2.3 词素意识对学前儿童词汇量发展的贡献

以口语词汇量为因变量,年龄、词素分解组合的能力(词素组合 I 和词素组合 II)、词素识别正确率为自变量进行逐步(Stepwise)法多重回归分析,除年龄之外,所有变量在进行多重回归之前全部转化为标准分,回归分析结果见表 16。

表 16 学前儿童词素意识不同方面对口语词汇量的回归分析

变量	B 系数	t 值	p 值
年龄	0.447	5.253	0.000
词素组合 I	0.188	2.300	0.023
词素组合 II	0.199	2.111	0.037
词素识别	0.066	0.825	0.411

回归方程显著: $F(3,110)=34.11$,$p < .001$,$R^2=0.468$。四个变量能够解释口语词汇量总变异的 46.8%。从表 16 的结果看,年龄和两种词素分解组合能力对口语词汇量的发展具有显著的贡献。汉语词语主要是由词素和词素组合而成的复合词,而且汉语词素在构词时呈现出两大特点。第一,词素的构词能力强。汉语单音节词素数量庞大,占词素总量的 97% 左右,而且这些单音节词素的构词能力很强,平均每个词素可以构成 16.6 个复合词(尹斌庸,1984);第二,复合词的语义透明度较高。汉语词素在组合成词时,一般保持原来的意义不变(苑春法、黄昌宁,1998),因此有研究者认为汉语复合词的分析性较强(McBride-Chang et al.,2003)。由于汉语词素在构词上存在这两个显著的特点,所以汉语儿童的词素分解组合能力在词汇的积累中起着非常重要的作用,它可以帮助儿童根据词素的意义推测出生词的意义来,从而加速儿童新词的积累,词汇量的扩展。

实际上,词汇量的发展和词素意识的发展是双向的,彼此之间存在相互促进的关系。一方面,词素意识的发展能够急剧增加儿童的词汇量,从上面的回归分析中我们可以看到词素意识能够独立地预测词汇量发展的变异。另一方面,词素意识的产生和发展是以一定的词汇量为基础的。从实验三儿童词素识别能力的考察中我们可以看出，儿童词素意识的发展需要一定量的互相有联系的整词作为基础，因此词汇量的多少对词素意识的发生与发展起着很重要的作用。我们通过下面的回归分析来进一步验证上述假设。我们分别以上述三种词素意识为因变量，口语词汇量和年级为自变量，考察口语词汇量是否对词素意识的发展有贡献。

■ 1.2.4　口语词汇量对词素意识发展的贡献

我们从实验三的结果可以看出，儿童对词素的分解应该以一定数量的词汇积累为基础。儿童最初获得的是整词（除了一部分表示范畴概念的自由词素），随着同一词素家族成员数量的增加，儿童逐渐从整词中分解出词素来。为了验证这一假设，我们分别以儿童在词素分解组合能力、词素识别能力上的成绩为因变量，词汇量和年龄为自变量进行回归分析，以检验口语词汇量对词素意识发展的贡献，结果见表17到表19。

以分解组合能力 I 为因变量，词汇量（百分数）和年龄（月）为自变量，进行多重回归分析。结果显示，回归方程显著，$F(2, 111) = 15.92$，$p < .001$，$R^2 = 0.223$，即两个变量能解释分解组合能力 I 总变异的22.3%。具体情况见表17，可以看到词汇量对词素分解组合能力 I 有显著的预测作用，而年龄的作用不显著。

表 17　词汇量和年龄对分解组合能力 I 的回归分析

变量	B 系数	t 值	p 值
年龄	0.129	1.193	0.23
词汇量	0.380	3.513	0.001

相似地，以分解组合能力 II 为因变量，词汇量（百分数）和年龄（月）为自变量，进行多重回归分析。结果显示，回归方程显著，$F(2, 111) = 38.06$，$p < .001$，$R^2 = 0.396$，即两个变量能解释分解组合能力 II 总变异的39.6%。具体情况见表18，可以看到词汇量和年龄都对词素分解组合能力 II 有显著的预测作用。

表 18　词汇量和年龄对分解组合能力 II 的回归方程

变量	B 系数	t 值	p 值
年龄	0.385	4.080	0.000
词汇量	0.320	3.384	0.001

同样，以词素识别能力的成绩为因变量，词汇量（百分数）和年龄（月）为自变量，进行多重回归分析。结果显示，回归方程显著，F（2,111）= 15.38，$p < .001$，$R^2 = 0.203$，即两个变量能解释词素识别能力总变异的 20.3%。具体情况见表 19，可以看到词汇量和年龄均对同音词素识别能力有显著的预测作用。

表 19　词汇量和年龄对词素识别能力的贡献

变量	B 系数	t 值	p 值
年龄	0.296	2.727	0.007
词汇量	0.218	2.010	0.047

通过上述分析可以看出，年龄和口语词汇量对词素意识的发展均有重要的贡献，因此，可以说词素意识的发展和口语词汇量的发展是一种双向的关系，词素意识的发展需要一定的词汇量作为基础，同时词素意识又为词汇量的发展提供了一个有利的工具，二者相辅相成，相互促进。

二、上学后儿童词素意识与词汇量发展的关系

2.1　研究方法

2.1.1　被试

同实验三。

2.1.2　实验材料

与学前儿童不同的是，上学后儿童的词汇量采用真假词判断测验。该测验有一个由真词、假词和非词随机排列组成的词表，包括真词 100 个，假词 25 个，非词 20 个，均为两个汉字构成。真词选自现代汉语研究语料库，其中包括 50 个高频词和 50 个低频词。高频词的频率范围在每百万 100 ～ 300 次之间，例如"母亲""看见"；低频词对频率范围在每百万 1 ～ 10 次之间，例如"公仆""文稿"。假词是由儿童熟悉的词素根据汉语构词规则造出来的，其中联合式、动宾式、主谓式、偏正式和动补式假词各 5 个，例如"竹馆""铁鹅"。非词是由随机选出的 40 个儿童熟悉的词素两两组合而成的，但是都不符合汉语构词规律，例如"毛真""很甩"。

2.1.3　实验程序

实验为集体施测，所有被试在正常班级接受测验。给儿童的指导语是："小朋友，你们好！今天要测一下你们是不是知道题纸上这些词的意思。如果你知道一个词的意思，就把这个词圈起来（主试在黑板上示范）。如果你不知道这个词的意思，就不要把它圈起来，因为里面还有一些是假词，这些假词在我们生活中永远都不会用到。"

为了校正儿童在选择中"猜"的因素，我们采用了严格的判分标准，正确选择真词计 1 分，如果选择假词或非词扣 1 分。

2.2　结果与讨论

2.2.1　词汇量水平

以校正后的得分除以总数（100）的比例作为词汇量成绩，一年级儿童平均词汇量为 42%，二年级儿童平均词汇量为 57%。

2.2.2　词素意识与词汇量之间的相关

实验三、实验五和实验六都考察了上学后儿童的词素识别能力，实验三考察的是整词语义联系对词素识别的影响，实验五考察的是词素类型对词素识别的影响，实验六考察的是词素获得的相对顺序对词素识别的影响，因此，我们在计算时把每个实验中所有条件下的平均正确率作为儿童词素识别能力的指标，词素识别 I、词素识别 II、词素识别 III 依次代表实验三、实验五和实验六中的词素识别能力。为了清楚地了解汉语儿童词素意识与书面词汇量发展的关系，我们首先对儿童在这三种条件下的词素识别正确率、年龄和书面词汇量进行了相关分析，结果见表 20。

表 20　上学后儿童在三种条件下的词素识别正确率与年龄、书面词汇量的相关

	词素识别 I	词素识别 II	词素识别 III	年龄
词素识别 II	.60**			
词素识别 III	.49**	.52**		
年龄	.24	.38**	.25*	
书面词汇量	.58**	.45**	.41**	.55**

*表示在 0.05 水平上显著（双尾），**表示在 0.01 水平上显著（双尾）。

从表 20 可见，三个实验中的词素识别正确率之间的相关都比较高。同时，三个实验中词素识别正确率与书面词汇量之间的相关也很高，表明词素识别能力与书面词汇量的发展确实有密切的关系。我们通过下面的回归分析来深入了解汉语儿童的词素识别能力对书面词汇量发展的贡献。

2.2.3　词素意识对词汇量发展的贡献

以词汇量为因变量，年龄、词素识别 I、词素识别 II、词素识别 III 的正确率为自变量进行逐步多重回归分析。除年龄之外，所有变量在进行多重回归之前全部转化为标准分。总体回归方程有意义，$F(2,62)=32.07$，$p < .001$，$R^2=0.493$，即四个变量能解释书面词汇量总变异的 49.3%。具体情况见表 21。

表21　小学儿童的词素识别能力对书面词汇量的回归分析

变量	B 系数	t 值	p 值
年龄	0.432	4.713	0.000
词素识别 I	0.473	5.155	0.000
词素识别 II	−0.004	−0.036	0.971
词素识别 III	0.096	0.930	0.356

可以看出，对书面词汇量发展有显著贡献的变量只有年龄和词素识别 I，词素识别 II 和 III 的效应不显著。为了进一步检验词素识别能力对词汇量发展的贡献情况，我们采用分层回归检验三个实验中的词素识别正确率对词汇量发展的预测情况，分层回归结果见表 22 ～ 24。

我们先将词素识别 II 和词素识别 III 放入，最后进入方程的是词素识别 I，结果见表 22。可以看到，在剔除了词素识别 II 和词素识别 III 的影响后，词素识别 I 对书面词汇量仍然有显著的预测作用（$p = .001$），说明词素识别 I 的贡献是其他两变量所不能取代的。

相反，我们将词素识别 I 先放入方程，后面依次放入词素识别 II 和词素识别 III，结果见表 23 和表 24。可以看到，词素识别 I 可以解释词汇量总变异的 32.2%（$p < .001$），而词素识别 II 和词素识别 III 的进入都没有引起回归模型可解释变异的显著变化（$p > 0.1$），表明在剔除了词素识别 I 的作用后，词素识别 II 和词素识别 III 能够解释的词汇量总变异很小。

综合以上回归分析结果，我们认为词素识别 I 对词汇量的发展具有较强的预测力，而词素识别 II 和词素识别 III 的贡献相对较弱，它们的作用可由词素识别 I 来解释。

表22　三个词素识别正确率对书面词汇量发展的贡献（顺序1）

变量顺序	R^2	ΔR^2	p 值
词素识别 III	.169	.169	.001
词素识别 II	.243	.074	.016
词素识别 I	.361	.118	.001

表 23　三个词素识别正确率对书面词汇量发展的贡献（顺序 2）

变量顺序	R^2	ΔR^2	p 值
词素识别 I	.322	.322	.000
词素识别 II	.348	.026	.124
词素识别 III	.350	.002	.711

表 24　三个词素识别正确率对书面词汇量发展的贡献（顺序 3）

变量顺序	R^2	ΔR^2	p 值
词素识别 I	.322	.322	.000
词素识别 III	.331	.009	.366
词素识别 II	.350	.019	.197

为什么只有词素识别 I 有预测作用，而 II 和 III 没作用呢？我们认为由于在分析中，词素识别 II 和词素识别 III 所用的正确率是四种不同的实验条件下正确率的平均，有可能抵消了词素类型（自由词素、黏着词素）和词素学习先后（词素先于整词获得、词素后于整词获得）对词汇量的贡献。还有一种可能的原因是，整词语义联系对于汉语儿童词素意识的发展非常重要，自由词素和黏着词素的识别正确率的差异以及词素获得的相对顺序的差异也主要表现在不同类型词素对整词语义的依赖程度不同。鉴于上述两点原因，我们在随后词素意识与阅读发展的关系中只考察词素识别 I 对阅读的贡献。

三、学前儿童词素意识与听觉理解成绩的关系

3.1　研究方法

3.1.1　被试

同实验一。

3.1.2　实验材料

共25个项目，每个项目5幅图画，在A4纸上依次横向排列。图画之间用线条隔开。材料举例见图11。

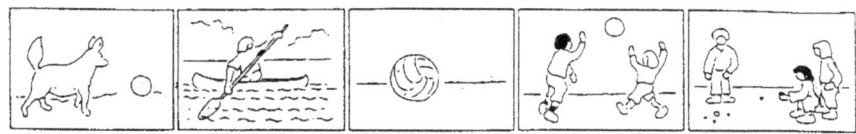

图11　"两个小朋友在玩球"的图片

3.1.3　实验程序

本研究为个别施测，由经过培训且普通话标准的主试带领被试在安静的房间内进行。实验时，给被试一次看5幅图画，然后主试读一句话，要求被试从这5幅图画中选出与听到的句子意思最匹配的图画来。正式试验开始前，要叮嘱儿童把5幅图画都看一遍以后再进行选择。

3.2　结果与讨论

3.2.1　听觉理解水平

计算三个年龄段儿童在听觉理解任务中的正确率，3、4和5岁儿童的正确率分别为55%、68%和82%，可见学前儿童的听觉理解能力的发展速度之快。

3.2.2　学前儿童词素意识与听觉理解成绩的相关

词素意识的指标仍是本章第一部分所用的词素组合Ⅰ、词素组合Ⅱ以及词素识别，三种词素意识、年龄、词汇量与儿童听觉理解的成绩之间的相关见表25。

表 25　学前儿童三种词素意识、年龄、词汇量与听觉理解成绩的相关

	年龄	词汇量	词素组合 I	词素组合 II	词素识别
听觉理解	.69**	.63**	.46**	.57**	.52**

** 表示在 0.01 水平上显著（双尾）。

可见，听觉理解的成绩与儿童的年龄、词汇量及词素意识之间都存在显著正相关。我们通过下面的回归分析来深入考察词素意识的不同方面、年龄、词汇量对听觉理解发展的贡献。

■ 3.2.3　学前儿童词素意识对听觉理解成绩的贡献

以听觉理解成绩为因变量，年龄、词汇量、词素组合 I、词素组合 II 和词素识别能力为自变量进行多重回归分析，除年龄之外，所有变量在进行分析之前全部转化为标准分。总体回归方程显著，$F_{(3,110)}$ =50.89，$p < .001$，R^2=0.57，即五个变量能解释听觉理解成绩总变异的 57%。具体情况见表 26。

表 26　各变量对听觉理解的回归分析

变量	B 系数	t 值	p 值
年龄	0.424	5.154	0.000
词汇量	0.265	3.269	0.001
词素组合 I	0.123	1.178	0.089
词素组合 II	0.116	1.419	0.159
词素识别	0.231	3.312	0.001

从上表可以看到，对听觉理解成绩有显著预测作用的变量有年龄、词汇量和同音词素识别，而代表词素分解组合能力的两个变量对听觉理解成绩的预测作用不显著。同音词素识别的作用可能与汉语存在大量的同音词素有关，儿童在语言发展的早期就需要注意区分同一音节所代表的不同意义，因此，同音词素意识对听觉理解的贡献反映了语言特点对儿童语言获得的重要影响。

四、上学后儿童词素意识与阅读理解成绩的关系

4.1　研究方法

4.1.1　被试

同实验三。

4.1.2　实验材料

与学前儿童听觉理解任务所用的材料是一样的，只是这里使用的是视觉句子阅读理解，而非听觉句子理解。共 30 个项目，每个项目有 5 幅图画，在 A4 纸上依次横向排列。图画之间用线条隔开。5 幅图画上面有一句话，要求被试从 5 幅图画中找出与句子意思最匹配的一幅来。

4.1.3　实验程序

集体施测，所有被试在自然班级接受测验。发给每个儿童一个题本和一张答题纸。给儿童的指导语是："小朋友，你们好！今天我们来做一个句子与图片匹配的测验。每道题都有一个句子和 5 幅图画，请你仔细读句子，从五幅图画中选出与句子意思最匹配的一幅画来，把选出的图画的序号写在答题纸的括号内。"

4.2　结果

4.2.1　阅读理解成绩的正确率

计算每个孩子正确选择的比例，一、二年级儿童阅读理解成绩的正确率分别为 83% 和 89%。

4.2.2　词素意识与阅读理解成绩的相关

在本章第二部分考察上学后儿童词素意识与词汇量发展之间的关系

时，只发现了词素识别 I 对词汇量发展的贡献。同时词素识别 II 和词素识别 III 中都包含有词素识别 I（整词语义联系）的成分，因此，在这部分分析中只考察词素识别 I 对阅读理解的贡献。词素识别 I、年龄、词汇量与阅读理解成绩的相关见表 27。

表 27　词素识别 I、年龄、词汇量与阅读理解成绩的相关

	词素识别 I	词汇量	年龄
阅读理解	.36**	.42**	.29*

**表示在 0.01 水平上显著（双尾），*表示在 0.05 水平上显著（双尾）。

可见，阅读理解成绩与词素识别 I、词汇量以及年龄之间均存在正相关。我们通过下面的回归分析来进一步考察词素意识、年龄和词汇量对阅读理解的贡献。

4.2.3　词素意识对阅读理解的贡献

以阅读理解成绩为因变量，词素识别 I、年龄和词汇量为自变量进行多重回归分析。回归方程显著：$F_{(2, 59)} = 7.72$，$p < .001$，$R^2 = 0.282$。即上述变量能够解释阅读理解总变异的 28.2%。具体情况见表 28。

表 28　一、二年级儿童词素意识对阅读理解的贡献

变量	B 系数	t 值	p 值
年级	-0.060	-0.459	0.648
词素识别 I	0.272	2.015	0.048
词汇量	0.354	2.286	0.026

从上表可以看到，词素识别 I 和词汇量对阅读理解成绩有重要贡献。词汇量对阅读理解发展的贡献已经得到了国内外很多研究的肯定，还有研究认为，词素意识主要是通过词汇量对阅读理解的发展起间接的作用。汉语存在大量的读音相同，但正字法和意义差别很大的同音词素，上学后儿童需要把相同的音节映射到不同的正字法上去，因此区分相同音节的不同意义有助于儿童区分不同的正字法，从而促进阅读的顺利进行（张大成等，1999）。

目前，有关词素意识与阅读发展的关系的研究大都采用纵向研究的办法，以此来考察学前儿童的词素意识对上学后阅读成绩的预测作用（Carlisle，1995、2000），我们采用横向的研究同样发现了上学后儿童的词素意识对阅读有贡献。

五、复合词词素意识与小学低年级儿童汉字识别的关系

5.1 研究方法

5.1.1 被试

被试为来自天津的一所普通小学的 29 名一年级儿童（13 男 16 女）和 30 名二年级儿童（16 男 14 女），平均年龄分别为六岁十个月和七岁十个月。

5.1.2 实验任务

数字快速命名 要求被试尽可能快地对 25 个数字进行命名。这 25 个数字是由 5 个不同的数字重复 5 次构成的，每一行的五个不同的数字以不同的次序排列。记录被试读完这些数字所需要的时间（单位为秒）。在正式测试前，要求所有儿童认读这五个数字，以确保他们都熟悉这五个数字。

音节删除 儿童将听到一个多音节词，要求他们省去某一个指定的音节而说出剩下的部分。比如，去掉"书包"中的"书"而说出剩下的部分，去掉"大白菜"中的"白"而说出剩余的部分。被删除的目标音节所处的位置不固定。该任务共包括 20 个项目，其中 8 个是双音节词，12 个是三音节词。

韵母探测 向儿童口头呈现 3 个单音节词，比如"蛙""猪""鸭"，要求他们选出与另两个韵母不同的那个词来，共有 16 个项目。

复合词结构意识 该任务的目的是考察儿童能否正确识别一个复合词的中心词素。实验的任务是要儿童在听了主试描述后，给从未见过的

某个动物或物体选择一个合适的名称。比如，主试问："给穿着衣服的鱼起个名字，鱼衣和衣鱼，你看哪个更好？"然后将上个问题中的修饰词和中心词对调，另问一遍，比如："给鱼穿的衣服起个名字，鱼衣和衣鱼，你看哪个更好？"该任务改编自 Nagy 等人（2003），但是每个项目都配有相应的图片，以减轻儿童的记忆负担。例如，绘有穿着衣服的鱼的图片。该任务包括 14 个项目，每个项目包含两个问题，共计 28 个问题。

复合类推任务 该任务的目的是考察儿童能否根据主试的描述产生符合汉语构词规则的复合词。主试先给儿童熟悉的动物或者物体下定义，然后描述另一个与之类似但是并不存在的动物或物体，要求儿童根据描述产生一个合适的名称。例如："斑马是身上有斑纹的一种马，那么身上有斑纹的牛我们叫什么？"答案是"斑牛"。该任务改编自 McBride-Chang 的研究（如 McBride-Chang et al.，2003），要求儿童从主试的描述中提取合适的词素出来，并组合成符合汉语构词规则的复合词。共有 24 个项目，均为假词。

词汇量测验 要求儿童对实验者所展示的图片进行命名。所有的 120 幅图片均选自 Snodgrass 和 Vanderwart（1980）的图片集。这些图片名称的平均获得年龄为 6 岁半，习得跨度从 2 岁半至 12 岁。

汉字认读 因目前中国大陆还无标准化的汉语阅读测验，我们根据参与测验的小学使用的语文课本中生字的初现时间（Shu，Chen，Anderson，Wu，& Xuan，2003），选择了一些汉字，自行设计了一种认读测试。该任务由 120 个汉字组成，其中的 70 个汉字从一、二年级课本中随机选出，另外 50 个汉字选自三至六年级的课本。要求儿童对全部的 120 个汉字进行命名，主试在答题纸上记录儿童读错的汉字。

■ 5.1.3 实验程序

所有测验均为个别施测，两位经过训练的心理学系研究生领着被试在其学校的一间安静房间内进行测试，并记录被试的反应。测试包括两部分。第一部分包括两项语音意识任务、复合词结构意识测验和词汇量测验。第二部分包括快速命名、复合词类比测验和汉字认读。每一部分大约持续 30 至 40 分钟。各部分的任务顺序由主试随机安排。

5.2 结果与讨论

5.2.1 描述性统计结果

表 29 列出了两个年级学生在不同任务上的平均数和标准差。我们通过方差分析考察了两个年级的学生在读写能力（汉字认读和词汇量）、语音意识（音节删除和韵母探测）和复合词意识（复合词结构和复合词类比）这三个方面的差异。结果发现两个年级学生在这三个方面均存在显著差异，$F(2, 56) = 52.64$，$p < .001$，$F(2, 56) = 4.65$，$p < .05$，$F(2, 56) = 13.11$，$p < .001$，结合表 29 的平均数可以看出，二年级儿童在各任务上的成绩均高于一年级儿童。

表 29　两个年级学生在各任务上的描述性统计结果

	一年级		二年级	
	平均数	标准差	平均数	标准差
汉字认读	71.63	14.58	102.06	8.43
词汇量	76.83	13.30	84.44	10.53
数字快速命名	16.23	4.50	11.18	2.09
音节删除	17.39	3.16	18.87	1.61
韵母探测	11.50	3.28	13.31	2.44
复合词结构	19.93	5.17	21.75	4.91
复合词类推	17.29	4.06	21.20	2.17

由于一、二年级儿童的结果模式相仿，因此在随后的相关分析和回归分析中，我们将两个年级儿童的数据放在一起。各任务之间相关分析的结果见表 30。复合词结构意识与复合词类比意识的成绩都与词汇量显著相关，复合词意识亦与汉字认读显著相关。然而，复合词结构与复

合词类比之间的相关并不显著，表明这两项任务探测的可能是复合词意识的不同方面。音节意识与词汇量、汉字认读中等相关，韵母意识亦与汉字认读相关，但与词汇量无显著相关。

表30 各任务之间的相关分析结果

变量	1	2	3	4	5	6	7
1. 年龄							
2. 数字快速命名	-0.53***						
3. 复合词结构意识	0.35**	-0.33**					
4. 复合词类推任务	0.50***	-0.39**	0.23				
5. 韵母探测	0.21	-0.30*	0.18	0.14			
6. 音节删除	0.14	-0.22	0.14	0.15	0.17		
7. 词汇量	0.39**	-0.39**	0.46***	0.57***	0.22	0.27*	
8. 汉字认读	0.58***	-0.66***	0.33*	0.54***	0.34**	0.37**	0.34**

*表示在0.05水平上显著（双尾），**表示在0.01水平上显著（双尾），***表示在0.001水平上显著（双尾）。

5.2.2 语音意识和复合词意识对小学低年级儿童词汇量的贡献

以词汇量为因变量，年龄、快速命名、语音意识和复合词意识作为自变量进行分层回归分析，结果见表31。从表31可以看出，在排除了年龄和数字快速命名的影响后，第三步放入的语音意识未能解释词汇量的任何变异。相反，在控制所有其他变量之后的最末一步放入的复合词意识解释了词汇量成绩23%的差异。上述各因素能够解释词汇量成绩47%的变异，回归方程显著：$F(6, 52) = 7.62$，$p < 0.001$。从最终标准化回归系数来看，本研究所考察的复合词意识的两个方面均能显著地预测汉语儿童词汇量发展的变异，但是儿童快速命名和语音意识等语音加工任务上的成绩却并不能显著预测汉语低年级儿童口语词汇发展的变异。

126

表 31　以词汇量为因变量的分层回归分析

步骤与变量	R^2	ΔR^2	p 值
1. 年龄	.152	.152	.002
2. 数字快速命名	.200	.048	.072
3. 韵母探测、音节删除	.240	.140	.249
4. 复合词结构、复合词类推	.468	.228	.000

5.2.3 语音意识与复合词意识对小学低年级儿童汉字认读成绩的贡献

我们以汉字认读成绩为因变量，以年龄、词汇量、数字快速命名、语音意识与词素意识为自变量进行了两个分层回归分析，结果如表 32 所示。首先进入模型的是年龄，其次是词汇量、快速命名和语音意识测试，最后是复合词意识测试。如表 32 下部分所示，在第二个模型中，颠倒了语音意识与复合词意识的放入顺序。结果发现，复合词意识和语音意识分别能够解释汉字认读成绩 7% 与 6% 的变异。上述各因素总共能够解释汉字认读成绩 63.2% 的变异，回归方程显著，$F(7, 51) = 12.50$，$p < 0.001$。最终的标准化回归系数显示，对汉字认读成绩有贡献的变量有数字快速命名、音节删除与复合词类推。

表 32　以汉字认读成绩为因变量的分层回归分析

步骤与变量	R^2	ΔR^2	p 值
1. 年龄	.336	.336	.000
2. 词汇量	.351	.016	.252
3. 数字快速命名	.507	.156	.000
4. 韵母探测、音节删除	.566	.059	.034
5. 复合词结构、复合词类推	.632	.065	.015
4. 复合词结构、复合词类推	.567	.060	.031
5. 韵母探测、音节删除	.632	.064	.017

　　本研究综合考察了一所普通小学的汉语儿童的语音意识、复合词意识与词汇量、汉字认读发展之间的关系。研究结果首先表明两种复合词意识在一年级到二年级期间均有发展，二年级儿童在复合词结构意识任务上的正确率为78%，在复合词类推任务上的正确率为88%。重要的是，本研究发现了复合词意识在汉语儿童词汇发展中的重要作用，两个方面的复合词意识均对词汇量的发展有重要的贡献，而语音意识对汉语低年级儿童词汇量的发展却无显著贡献。

　　而在汉字认读方面，复合词意识和语音意识都对它有重要的贡献。在排除了年龄、快速命名和语音意识的影响后，儿童在复合词类推任务上的成绩能够显著预测他们的汉字认读成绩。同样地，在排除了年龄、快速命名和复合词意识的影响后，音节意识对小学低年级儿童的汉字认读成绩也有独特的预测作用。两个复合词意识任务能够解释汉字阅读成绩7%左右的变异，两个语音意识任务所能解释的变异也大致相同。这样的结果表明，语音意识和复合词意识对于小学低年级儿童的汉字阅读来说都非常重要。

第 7 章
汉语儿童词素意识的发展及其与词汇量、阅读发展的关系

一、实验结果简单回顾

我们在第四章到第六章通过一系列实验对汉语儿童从学前到上学后词素意识的发展及其与词汇量、阅读理解发展的关系进行了较全面的研究。

第四章通过两个实验考察了汉语学前儿童词素分解组合能力的发展。其中实验一采用的实验材料是儿童不熟悉的语义不透明的真词（例如"木鱼"），结果发现学前儿童对词素进行分解组合的能力随着年龄的增长而发展。当儿童不能对词素进行正确组合时，一般会选择复合词的第二个词素，表现出语义重心意识。

实验二通过改变偏正结构复合词的不同成分构成的语义透明的假词（例如"鸡车"）进一步考察了儿童的语义重心意识，发现改变修饰成分构成的假词对儿童来说比较容易，因为保持了语义重心，改变中心词素构成的假词相对来说较难，因为儿童需要确定新的语义重心。实验二的结果表明语义重心意识发展较早，而且对复合词意识的发展起着非常重要的作用。

第五章包括四个实验（实验三到实验六），考察的是儿童词素识别能力的发展以及影响儿童词素识别能力发展的因素。实验三考察了整词

语义联系对词素识别能力发展的影响，发现幼儿园和一年级儿童较多依赖整词之间的语义联系来识别词素，整词之间语义联系高，则倾向于被认为含有相同的词素。二年级儿童对词素意义的认识逐渐增强，整词语义联系高和整词语义联系低条件下词素识别的正确率之间的差异逐步缩小。

实验四和实验五进一步考察了整词语义联系和词素类型（自由和黏着）对学前儿童和上学后儿童词素识别能力发展的影响。发现学前儿童更多依赖整词语义联系对词素进行识别，整词语义联系的影响大于词素类型的影响；而上学后儿童更多依赖词素意义对词素进行识别，词素类型的影响大于整词语义联系的影响；对自由词素的识别比较容易，而对黏着词素的识别比较困难，尤其是整词语义联系较低的黏着词素，即使是二年级的儿童也比较难识别。

实验六考察了词素的习得顺序对词素识别的影响。在自由词素内部，根据词素和整词习得时间早晚可以分为两类。一类是先习得词素，然后再习得含有该词素的复合词；另一类是先习得复合词，即儿童先习得一些含有某词素的复合词，然后再习得词素。通过实验六我们发现儿童对这两类词素的识别难度不同，词素后习得的比词素先习得的正确率低。由于后习得的词素需要借助于含有同一词素家族的其他成员的帮助，因此其识别要困难些。

第六章分别考察了词素意识与儿童词汇量、阅读发展的关系，以及语音意识和词素意识对小学低年级儿童词汇量与阅读发展的相对贡献。通过回归分析发现对于学前儿童来说，分解组合能力对词汇量发展有显著贡献，而词素识别能力对听读理解有显著贡献。反过来，词汇量对分解组合能力和词素识别能力都有贡献，表明儿童要发展词素意识，需要一定的词汇量作为基础。上学后儿童词素识别能力、复合词结构意识和根据已知词素组合复合词的能力对词汇量和阅读的发展都有贡献，而且语音意识和词素意识对小学低年级儿童的阅读发展均具有各自独立的贡献。

我们将上述实验及结果归纳为如下三个大问题，分别进行讨论。

二、汉语儿童词素意识的发展

近年来，词素意识及其在儿童词汇量与阅读发展中的作用受到越来越多的关注，研究者开始从不同方面对词素意识进行研究，主要包括以下几个方面:(1)词素识别，即儿童能否识别出两个词中包含的共同词素来（例如 development 和 develop 含有共同的词素 develop，development 与 movement 含有共同的词素 -ment，corner 与 corn 则不含有共同的词素）;(2)对词素规则的运用，最著名的是 WUG 实验（Berko，1958），给儿童一个奇怪的动物，并告诉儿童动物的名字是"WUG"，然后给出同样的两个奇怪动物，让儿童回答"two wugs"，如果儿童回答正确，表明儿童已经具有词素意识;(3)词素意识对词汇量和阅读的贡献，大部分研究考察的是词素意识对书面词汇量发展的贡献（Carlisle，1995；Fowler & Liberman，1995；Mahony，1994；Singson et al.，2000；Treiman & Cassar，1996）;(4)比较正常儿童和障碍儿童词素意识的发展，探寻阅读障碍的成因及治疗方法（Champion，1997；Leonard，McGregor，& Allen，1992；Oetting & Horohov，1997；Shu et al.，2006；Rice，Wexler，& Cleave，1995）。

经过多方面的研究，研究者已经发现词素意识对儿童语言与读写能力的发展起着非常重要的作用，但是还存在以下几个问题:第一，对词素意识本身缺乏深入的研究，对词素意识没有一致的界定，词素意识包括哪些方面很少有人进行过研究，导致词素意识对阅读的预测结果不稳定;第二，大部分研究都考察上学后儿童词素意识的发展，测验方法往往借助于文字，掩盖了词素意识的重要性，同时也没有揭示出词素意识的早期表现及发展;第三，对词素意识未进行过系统的研究，词素意识是怎样发展起来的，词素意识的发展受哪些因素的影响等问题还没有人进行过系统的研究。

有关汉语儿童词素意识的研究虽然较少，但已有研究已经充分说明词素意识在儿童语言与阅读发展中起着重要作用。例如，Li 等人（2002）发现词素意识对汉语儿童阅读发展的预测作用超过了语音意识。Shu 等人（2006）发现词素意识的缺陷是造成汉语儿童阅读困难的主要成因之一。同时，由于汉语的特殊性，学前和上学后所要求的词素意识并不一样。汉语词素在口语中对应一个音节，在书面语中对应一个汉字，但是词素与音节、词素与汉字并不是一一对应的关系，汉语中同音词素和同形词素普遍存在。因此，学前儿童需要区分同音词素，而上学后儿童开始接触书面语，除了要继续区分同音词素之外，还需要区分同形词素的不同意义。

本研究考察了汉语学前 3 到 5 岁儿童口语词汇中词素意识，以及上学后一、二年级儿童书面语词汇中词素意识的发展状况。通过图片识别和词素异同判断任务，我们集中调查了汉语儿童的词素意识的两个方面：词素分解组合能力和词素识别能力。分解组合能力是指儿童把不熟悉的词分解为词素，根据词素的意义来推测生词意义的能力。而词素识别能力是指儿童识别出两个词中包含的共同词素的能力。世界各国语言间差别很大，词素特点也很不一致，英语这方面研究主要集中在派生词和屈折词方面，本研究考察的是儿童复合词词素意识的发展特点。但是，从前面的实验研究可以看到，汉语儿童的词素意识和其他语言儿童研究考察的词素意识的发展具有相似之处（Carlisle，1995、2000；Tyler & Nagy，1989）。下面再进行更详细的讨论。

前面已经提到，分解组合能力和词素识别能力对于汉语儿童词汇学习和语言发展更为重要，这与汉语词素的特点有密切的关系。第一，汉语词素的数量有限，但是有限的词素却可以组合成无限的复合词，并且大部分词素在构词时意义保持不变，因此儿童如果可以灵活地将复合词分解成词素，又可以将词素组合起来，学习新词就会容易得多；第二，汉语存在大量同音词素，汉语被称作"语素语言"，一个词素基本上对应于一个音节，但是词素的数量远远超过音节的数量，导致汉语存在大量读音相同而意义不同的同音词素，因此区分相同音节的不同意义是儿童学习汉语的首要任务。对应于这两大特点，我们把汉语儿童的词素意识界定为两个方面：对词素进行分解组合的能力，即将不熟悉的词分解为词素，再利用两个词素的意义来推测生词意义的能力；词素识别能力，即区分相同音节的不同意义的能力。下面我们分别讨论这两种词素意识的发展。

2.1　分解组合能力的发展

我们在实验一中采用了图片识别任务，通过儿童不熟悉的语义不透明的真词，比如"木鱼"，考察了汉语 3 到 5 岁儿童对不熟悉复合词的理解，发现汉语学前儿童在遇到不熟悉词时可以把它分解到词素，根据词素的意义来推测不熟悉词的意义，并且这种推测能力随年龄的增长而提高，即使 3 岁儿童的推测率也远远高于几率水平，表明 3 岁儿童就具有词素分解组合能力。在实验一中，由于实验材料使用的是语义不透明的词，因此如果儿童采用词素分解策略来推测词义，往往得到的并不是该词的正确意义。但可喜的是，汉语绝大多数复合词是语义透明的，词素意义在复合词中保持不变（苑春法、黄昌宁，1998）。因此，我们在实验二中采用语义透明的假词进一步考察词素分解组合能力的发展，发现儿童分解组合能力的发展模式与实验一相似，说明汉语学前儿童确实已经具备了一定的词素分解组合能力。

虽然也有研究者考察过儿童在理解复合词时分解组合能力的发展，但是都比较零散。其中 McBride-Chang 等人（2003）比较了香港 4 岁儿童和二年级学生的词素分解组合能力的差异及其对阅读发展的贡献，但无法对分解组合能力的发展状况进行描述。Nicoladis（2003）比较了英语 3 岁和 4 岁两个年龄段儿童对复合词与其组成词素的关系的理解。本研究横向比较了汉语 3 到 5 岁儿童词素分解组合能力的情况，发现儿童对词素的分解组合能力随年龄的增长而发展，3 岁儿童已经具备一定词素分解组合能力，4 岁儿童较 3 岁儿童有缓慢发展，5 岁儿童对词素的分解组合能力有了迅速发展。当对两个词素都熟悉时，3 岁儿童对整词意义的推测达到 58%（实验一），远远超过几率水平（25%），4 岁儿童对意义的推测达到 68%，5 岁儿童对整词意义的推测（80%）远远高于 3、4 岁的儿童，说明 5 岁孩子对词素进行分解组合的能力有了很大的发展。

但是，词素分解组合能力并不是复合词特有的一种意识，而是一种普遍的词素意识，对派生词和屈折词的理解同样也需要儿童具有词素分解组合的能力。当儿童看到或听到 wugs 这个假词时，因为假词没有储存在儿童的心理词典中，所以儿童无法从词典中找到匹配的表征，但根据语言经验可以把它分解为 wug 和 -s 来大致推测 wugs 的意义——"不止一个 wug"或"多个 wug"(Berko, 1958)。由此可见，对词素的分解组合能力是一种普遍的词素意识，儿童不管是理解派生词或屈折词，还是理解复合词，都需要发展起分解组合的能力，这样才有可能正确猜测不熟悉词的意义。

虽然对任何类型的多词素词的理解都需要儿童具有词素分解组合的能力，但是该能力对复合词来说尤为重要，因为复合词的意义是两个词素意义的融合(Nicoladis, 2003)，要正确理解生词的意义，儿童需要完全了解两个词素的意义，并能意识到复合词的意义不是两词素意义的简单相加。Nicoladis(2003)的研究与本研究的设计类似，但其目的主要是考察3岁和4岁儿童能否理解复合词的意义是两个词素意义的融合。因此他的研究中，每个项目设计的选项与本研究稍有不同，以"兔车"为例，4个选项分别是：首词素所指的图画("兔子")、尾词素所指的图画("车")、两词素简单排列("兔子旁边停一辆车")和两词素意义的融合("长着兔子耳朵和尾巴的车")。结果发现3岁和4岁儿童选择两词素意义融合项的比例分别为52%和68%，儿童选择两词素意义融合项的比例远远高于选择两词素简单排列项的比例。与本研究3、4岁儿童推测意义时选择正确选项的比例非常接近。结合Nicoladis(2003)的研究，我们认为，分解组合能力的发展表明儿童已经意识到复合词的意义不是两个词素意义的简单相加，两个词素之间还存在多种不同的组合关系，5岁儿童分解组合能力迅速发展可能与此有关。可是对派生词和屈折词来说，虽然需要分解组合能力，但是对理解更为重要的是儿童对后缀的熟悉程度，例如 wugs，虽然儿童不知道 wug 的意义，但根据后缀 -s 的意义儿童完全可以回答"两个或多个 wug"。

综合以上讨论，我们认为汉语儿童词素分解组合能力发展较早，在学前已经得到充分的发展。虽然对任何类型的多词素词的理解都需要儿童具备分解组合能力，但是分解组合能力对复合词的理解尤其重要，因为复合词的理解不仅需要儿童熟悉两个词素的意义，还需要对词素之间的组合关系有一定的认识。

2.2 词素识别能力的发展

本研究实验三到实验六用词素异同判断的方法系统考察了汉语学前到上学后儿童同音词素识别能力的发展，发现其词素识别能力的发展特点除了与年龄有关，还与词素自身的特征密切相关，主要呈现出两个特点：一是识别方法和策略的转变，从主要依靠整词语义逐步向依靠词素语义过渡；二是不同类型词素发展的时期和速度存在差异。

2.2.1 词素识别策略的转变

Chen（2000）的研究发现大部分台湾地区学前儿童主要依靠语音来区别同音词素，认为只要声音相同就是同一个词素，而二年级儿童较多采用语音语义策略来识别词素，这里所指的语义策略是整词语义策略，因为儿童回答"'乌鸦'的'鸦'和'鸦片'的'鸦'写起来不一样，因为它们的意思不一样"。汉语存在大量的同音词素，儿童必须依赖意义来对同音词素进行识别，如果学前儿童单纯依靠声音相同来识别同音词素，那么从整词中分解词素几乎是不可能的。本研究的实验三到实验五都发现，汉语学前儿童可以并且主要依赖整词之间的语义联系来识别词素，而上学后儿童开始更多依赖词素语义来识别词素。

学前儿童主要依靠整词语义来对词素进行识别，表现在实验三中，幼儿园大班儿童在整词语义联系高条件下对词素识别的正确率远远高于整词语义联系低条件下的正确率，在整词语义联系低条件下的正确率接近几率水平。这样的结果表明幼儿园大班儿童主要依靠整词之间的语义联系识别词素，对于语义联系高的词倾向于认为含有同一个词素，对语义联系低的词倾向于认为含有不同的词素。实验四进一步证实了这一点，学前儿童词素的识别较少受词素类型的影响。词素类型是词素本身的特性，如果儿童利用词素语义识别，一定会表现出词素类型的差异，因为自由词素和黏着词素的难度是不一样的。但是学前儿童词素类型间的差异远远小于整词语义联系之间的差异，因此可以认为学前儿童更多地运用整词语义联系来进行词素识别。

上学后儿童逐渐转变为更多依赖词素语义进行词素识别，主要表现在实验五中上学后儿童的判断明显受到词素类型的影响。实验三发现，一年级儿童在整词语义联系高与低两种条件下的差异与幼儿园大班孩子类似，只是在两种条件下的正确率比幼儿园孩子都有显著提高，表明一年级儿童正处于整词语义向词素语义过渡的阶段。在实验三事后的调查中，对于语义联系较低的词对，比如"皮球"和"地球"，有的一年级儿童回答：这两个"球"不一样，因为"地球"是大的，"皮球"是小的。说明在整词语义联系低的条件下，儿童无法根据整词的意义来识别词素，又因为没有分解到词素，只好根据两个物体的外形特征来判断了。有的儿童回答：这两个"球"一样，因为它们都是一种"球"。说明这部分儿童已经可以根据词素语义进行词素识别了。而二年级儿童在整词语义联系低条件下的正确率有了显著的提高，表明二年级儿童已经能够依赖词素语义来识别词素。

上述结果表明，汉语儿童的词素识别能力随年龄增长而发展，主要运用整词语义和词素语义进行词素识别，利用哪种语义与儿童词素意识的发展高低有直接的关系。幼儿园儿童更多依赖整词语义，上学后儿童更多依赖词素语义，一年级儿童正处于这种转变中。

国外一些研究也考察过儿童对派生词词根的识别（Mahony et al., 2000；Singson et al., 2000；Tyler & Nagy, 1989），让儿童在理解任务中判断两个词（一般是词根和派生词）有没有包含共同的词素。与本研究不同的是，这些研究考察的都是小学中年级以后儿童的词素识别情况，其主要目的是把词素识别能力作为词素意识的一个指标来考察词素意识对阅读的预测作用，并非专门考察派生词中词素识别能力是怎么发展起来的。但是他们在研究中也发现，英语儿童主要根据语音来进行词素识别，对词素的识别能力随语音意识的发展而发展，因为英语派生词是通过词根和词缀的组合而形成的，派生后缀有两种：一种改变词根的语音形式，一种不改变词根的语音形式。词根语音改变了的派生词较难识别，而词根语音没有改变的派生词较容易识别。但是，汉语存在大量的同音词素，单纯根据语音来进行词素识别是不可能的，因此，汉语儿童需要借助语义来进行词素识别。上述分析说明，虽然汉语儿童和英语儿童都具有词素识别能力，但是由于两种语言中词素结构存在差异，两种词素识别所要求的能力并不一致。

从理论上来说，词素识别能力是分解组合能力发展的基础，儿童只有正确识别出词素来，才能运用词素分解组合能力对不熟悉词的意义进行推测。但从我们的实验结果来看，似乎分解组合能力在学前已经得到充分的发展，而学前儿童的词素识别较差，上学以后才有较好的发展，存在与常理相悖之处。其主要原因可能是实验一和实验二考察词素分解组合能力时使用的是可用图画表示的、意义比较具体的词素，而词素识别的实验中包括三种类型的词素，每种类型的词素识别的难度不一样，因此儿童在词素识别中的正确率较低。

■2.2.2 不同类型词素的发展

汉语词素根据能否在言语中单独运用可以分为自由词素和黏着词素，自由词素根据其与整词的相对习得时间的早晚可以分为早习得的自由词素和晚习得的自由词素。由于三种词素语义表征的精确性和对家族成员的数量及语义关系的依赖程度不同，因此词素识别的时间及速度也不一致。

学前儿童主要利用整词语义对词素进行识别，虽然利用词素语义识别词素的能力比较弱，但是自由词素和黏着词素的识别还是表现出了差异，总体上来说是自由词素的识别成绩好于黏着词素，儿童对黏着词素的识别表现出困难。从实验四表9可见，3岁儿童完全依靠整词之间的语义联系来判断，因此自由词素和黏着词素的识别没有表现出差异。到了4岁，黏着词素的识别依然没有发展，而自由词素的识别迅速发展，正确率接近于5岁儿童。表明在学前阶段，自由词素的识别先发展，且速度较快。而黏着词素的发展不仅晚而且比较慢。

上学后儿童依然是自由词素的识别好于黏着词素，一年级儿童对整词语义联系比较低的黏着词素的识别尤其困难，二年级儿童在词素类型上没有表现出差异，表明二年级儿童对黏着词素的识别已经接近自由词素。不管是一年级儿童还是二年级儿童，对后习得的自由词素的识别都是最困难的。

从上文我们可以看出汉语3岁到二年级儿童两种词素的发展轨迹：3岁儿童由于词素分解的能力较弱，主要根据整词语义对词素进行识别，因为没有分解到词素，所以词素类型不影响3岁儿童的词素识别；从4岁开始，自由词素的识别开始发展，黏着词素的识别依然没有发展；5 岁儿童虽然在实验四中自由词素和黏着词素的正确率没有差异，但是实验五中一年级儿童的词素识别依然是自由词素的成绩好于黏着词素，表明到一年级儿童为止，自由词素的发展一直快于黏着词素的发展；到二年级儿童，词素意识有了较大发展，黏着词素的正确率与自由词素的正确率已经没有差异。

三、词素意识发展的影响因素

国外词素意识的研究很少关注词素是怎么习得表征的。据了解，到目前为止，只有两个研究说明了儿童在学习阅读的过程中，经历了从整词词典向词素词典的过渡（Burani, Marcolini, & Stella, 2002；Laxon, Rickard, & Coltheart, 1992），即儿童首先学习的是整词，然后在整词的基础上逐渐分解出词素来。但是什么因素决定了儿童词素的分解呢，很少有人通过实验来进行研究，只是有几处零星的理论表述。Seymour（1987）关于阅读发展的理论模型认为，只有儿童发展起正字法词典以后，词素才会分解出来。Taft（1985）认为，当儿童意识到整词中包含的词素结构时，词就以词根的形式存储了，整词表征就变得多余了。这些研究和理论关注的都是书面词素的发展，同时也没系统考察过决定词素分解的因素。

从本研究实验三的结果来看，儿童口语词素也是从整词中分解出来的，儿童最先习得的是整词，整词积累到一定程度，词素就开始分解。词素的分解受到一系列因素的影响，有词素自身的因素，也有词典中整词的因素，同时还受到汉语特点的影响。下面我们对影响汉语儿童词素意识发展的因素加以讨论。

3.1　词素自身特点

本研究考察了汉语儿童词素分解组合能力和词素识别能力两种词素意识的发展，发现这两种意识的发展都受到词素本身因素的影响。首先，分解组合能力需要儿童在遇到不熟悉的整词时，把它分解到词素水平，运用词素的意义来构建整词的意义，因此分解组合能力发展的前提是词素本身是熟悉的。如果词素是不熟悉的，儿童就无法运用词素的意义来推知整词的意义。因此，我们在实验一中发现，当两个词素都熟悉时儿童对词素的分解组合的成绩高于当只有一个词素熟悉时的成绩。

不仅词素的熟悉性影响儿童词素意识的发展，词素类型也是影响儿童词素意识发展的重要因素。根据其能否单独使用，汉语词素可以分为自由词素和黏着词素。自由词素可以单独使用，也可以和别的词素组成词出现。例如，我们既可以说"今天买了一条鱼"，也可以说"今天买了一条金鱼"。而黏着词素则不能单独出现，只有与别的词素组合成词后才能进入言语的运用中。例如，我们不能说"室里很安静"，只能说"教室里很安静"。从上面的例子可以看出，自由词素和黏着词素的语义表征的精确性是不一样的。自由词素，比如"鱼"，因为可以在语言中单独运用，所以具有明确的语义表征，其识别不需要依赖其他家族成员的帮助；而黏着词素，比如"室"，不可以单用，其语义特征需要从不同的家族成员中抽取，儿童学习了"教室""卧室""办公室""医务室"等词后才知道"室"的语义。可见，黏着词素对词素家族的依赖性很强，它的发展需要大量语义较接近的家族成员的积累，因此发展较晚较慢。也就是说，自由词素和黏着词素对词素家族成员的数量及家族成员间的语义联系的依赖程度是不一样的，从而导致这两类词素在发展的时间和速度上也存在差别。

在这一点上，后习得的自由词素，也就是词素比整词晚习得的，跟黏着词素很相似，例如"棋"，儿童在学习了"象棋""跳棋""围棋"等带有"棋"的一系列词后才能逐渐抽取出"棋"的语义。因此后习得的自由词素的识别也依赖于词素家族成员的数量及家族成员间的语义联系。

综上所述，本研究所考察的几种不同类型词素识别发展的时期及速度的不同，反映了词素自身特征对词素识别能力的影响，词素的熟悉性、词素是否有明确的语义表征、词素和整词的学习顺序等因素都会对词素识别的发展产生影响。

实际上，词素的特征还影响成人语言的加工和处理。比如，一般认为自由词根有自己独立的表征，因而加工效率（准确性和速度）更高，而黏着词根的存储则受到词根类型频率的影响，加工效率较低（Forster & Azuma，2000）。同样地，中性后缀（不改变词根的语音）也有独立的表征，加工效率高，而非中性后缀（改变词根的语音）的表征则存在争议（Bradley，1980）。

3.2 整词熟悉性

一方面，儿童可以根据熟悉的词素来推测陌生的整词的语义；另一方面，儿童也可以根据熟悉的整词来推测其中某个词素的意义。对于熟悉的词，儿童容易找出整词之间的相似性，在词与词之间建立起联系。Bybee（1995）的网络模型特别强调整词的使用频率（即一个词的词频）在词素关系表征的确立和维持中的作用。模型认为，不同的词在进入心理词典时由于其使用频率不同，因而有不同的词典强度（lexical strength），强度大的词是词素联系的基础。每个词在进入词典时都根据相同或相近的语音、语义特征而与别的词联系起来，这些联结会促使儿童分析多词素词的内部结构。例如，儿童知道 cats, desks 和 books 分别表示"很多猫""很多桌子"和"很多书"，就会逐渐找出它们共同的部分，即都表示"多于一个"的含义，从而学会 -s。同样在汉语中，儿童知道"电视""电话""电扇""电饭锅"等词后，逐渐发现它们都带有"电"这个词素，同时也都需要用"电"才能工作，这样"电"这个词素就从这些整词中分离出来而具有了自己的表征。这说明了在语言发展的过程中，熟悉的词由于语音或语义相近而建立起联系，词典中的联系促使儿童注意到含有相同词素的不同整词间的内在联系，从而分解出词素来。

但是，也有研究并没有发现整词熟悉性的作用。比如，Mahony 等人（2000）的研究没有发现整词频率对儿童词素识别的影响。在我们的研究中，所有的材料都是被试熟悉的，但是从实验三到实验六，我们发现汉语儿童的词素识别同时受到整词语义和词素语义的影响，整词和词素熟悉性对儿童词素识别来说都很重要。

3.3 词素类型频率

本研究实验四到实验六发现，儿童对黏着词素和后习得的自由词素的识别依赖于词素家族成员间语义关系的一致性以及家族成员数量的多少。词素家族成员的数量指的就是词素的类型频率。国外儿童词素习得以及成人多词素词表征与加工的研究都强调词素类型频率的重要性。

英语儿童派生词素意识的研究发现，派生词词缀的习得主要受到词根与整词之间的语音透明度以及词缀的类型频率的影响（Carlisle，1988；Champion，1997；Fowler & Liberman，1995；Tyler & Nagy，1989）。类型频率通过改变词素家族成员间的联结强度起作用，一个后缀构成的派生词越多，则由该后缀组成的词语在词典中的联结越强；相反，构成的派生词越少，则由该后缀组成的词在词典中的联结越弱（Bybee，1995），整词表征间的互相联结的加强促使词素规则逐渐"浮现"出来（Plaut & Gonnerman，2000），因此词素类型频率在儿童词素的习得中起重要作用。

成人词素表征与加工的研究发现，词素类型频率对多词素词的表征与加工的影响主要表现在两个方面。一方面，词素的类型频率影响多词素词的加工速度。由类型频率高的词素构成的词在词汇判断中比由类型频率低的词素构成的词加工速度快（Bertram，Baayen，& Schreuder，2000；de Jong，Schreuder，& Baayen，2000；Schreuder & Baayen，1995、1997）。类型频率主要是通过同一词素家族成员的共同激活反馈来起作用的。例如加工一个词根时，由该词根构成的所有多词素词都得到激活，家族越大，激活强度也越大，同时这些激活会反馈给词根，从而促进了词根的加工。另一个方面，词素类型频率影响黏着词素的表征（Forster & Azuma，2000；Taft & Zhu，1995）。类型频率小的黏着词素在心理词典中较难建立起相应的表征。

本研究虽然没有直接比较自由词素和黏着词素类型频率的大小对儿童词素识别的影响，但是从三类词素习得顺序的不同可以推测词素类型对词素识别的影响，黏着词素和后习得的自由词素没有精确的语义表征，需要从家族成员的意义中抽取词素的意义，因此其识别依赖家族成员的数量及语义关系。

3.4　语言特点

不同语言的差异主要表现在构词法和句法两个方面，其中构词法是不同语言间差异最大的部分（Plaut & Gonnerman，2000）。因此，不管是成人词素的加工，还是儿童词素的习得，都与其所学语言的特点密切相关。我们知道，英语中派生词和屈折词居多，而汉语中复合词非常丰富，从而造就了汉语儿童词素意识发展的独特之处，主要表现在以下几个方面。

■ 3.4.1　语义透明度

汉语词汇主要由复合词组成，但是汉语词素的数量有限，大约有4000多个常用词素（尹斌庸，1984），有限的4000多个词素构成了汉语中庞大的词汇体系。而且汉语词素和整词的语义常常一致，因此大部分汉语复合词都是语义透明的复合词（苑春法、黄昌宁，1998）。汉语词汇的透明度大大促进了儿童词素意识的发展。在自然语言学习中，对于不透明的词，儿童利用词素推测整词意义常常导致错误的答案，否定了儿童推测学习的策略。而对于透明的词，儿童利用词素推测整词意义则会比较容易习得整词意义，汉语中大量语义透明的复合词，肯定了儿童利用词素语义推测整词意义的假设，因此有助于培养儿童的分解组合能力，促使汉语儿童很早就发展起分解组合的能力。

语义透明度在成人词素表征与加工中也起重要作用（Marslen-Wilson et al.，1994；Sandra，1990；Zwitserlood，1994），研究认为语义透明度是影响多词素词表征的一个主要因素，语义透明的词是以词素的形式存储，语义不透明的词是以整词的形式存储。

■ 3.4.2　词素结构的能产性

汉语复合词词素之间的组合关系多种多样，存在联合（例如"骨肉"）、偏正（例如"台灯"）、动宾（例如"司机"）、动补（例如"提高"）、主谓（例如"胆小"）等不同结构的复合词，除此之外，还有一些两个汉字组成的单词素词，如"玫瑰""蝴蝶"，以及两个或两个以上汉字组成的外来词，如"沙发""葡萄""巧克力"等。但是不同结构类型的词在汉语词汇中所占的比例并不相同，其中偏正结构的复合词所占比例最大，约占汉语词汇总量的 87.5%（苑春法、黄昌宁，1998），因此，偏正的构词方式是汉语中最能产的构词方式。结合实验一和实验二的结果可以看出，词素结构的能产性促使汉语儿童首先发展起结构意识，虽然儿童还不能通过分析两个词素的意义来建构整词的意义，但儿童已经能识别出负荷语义重心的词素（即选择中心词素的比例远远高于选择修饰成分的比例），表明语言的结构特征及能产性是影响儿童语义重心意识形成的重要因素。

我们认为语义重心意识是一种结构意识，偏正结构的能产性使儿童在较小的时候就意识到复合词的最后一个词素与复合词的意义重叠最大，例如，"金鱼""带鱼""鲤鱼"等都和"鱼"有关系，"杨树""大树""柳树"都和"树"有关系，因此儿童逐渐意识到汉语中大部分复合词的语义一般与最右边词素的语义一致。从我们的研究中可以看出，当儿童不能对两词素进行组合时，会选择复合词的第二个词素，表明语义重心意识发展在前，分解组合能力发展稍晚。

3.5　小结

从对影响儿童词素意识发展的因素的考察中，我们发现虽然语言之间差别很大，但是儿童词素意识的发展却遵循一些普遍的规律，主要表现在：第一，都具有词素的分解组合能力和词素识别能力，词素的分解组合能力是一种普遍的词素意识，儿童不管是理解派生词、屈折词，还是理解复合词，都需要发展起分解组合的能力，这样才能成功理解不熟悉词的意义；第二，词素的识别经过一个从整词向词素过渡的阶段，学前儿童在识别词素的时候主要依赖整词之间的语义联系，而上学后儿童随着词素识别能力逐渐增强，依赖词素特征进行识别的次数逐渐增多；第三，结构能产性对词素的发展起重要作用，英语"V.+-ed"是一种非常能产的结构类型，因此儿童对动词过去式的习得较早，汉语偏正结构复合词居多，因此儿童很早就发展起语义重心意识。表明词素是语言中一种普遍的规律，不同语言的儿童在习得词素的过程中都会遵循这种共同的规律。

但是，由于不同语言中多词素词的结构类型不同，因此词素意识在不同语言中也展现出不同的特征。主要表现在以下几个方面：第一，虽然分解组合能力是一种普遍的词素意识，但是汉语分解组合能力的运用尤其强调词素的熟悉性，而英语儿童对分解组合能力的运用更多依赖对派生或屈折后缀的理解；第二，虽然英语和汉语儿童的词素识别能力都随年级的升高而发展，但是汉语儿童依赖整词语义和词素语义识别词素，而英语儿童词素识别的成绩却取决于词根与派生词之间的语音复杂程度。

同时，影响成人词素表征与加工的一些因素，在不同时期也影响着儿童词素意识的发展，表明从词素习得的角度考察词素的表征与加工是一种行之有效的方法。目前成人词素表征与加工中一种较全面的理论MRM 模型（Schreuder & Baayen, 1995）认为，成人词汇加工存在两条通路——整词通路和词素通路。整词通路是默认的加工通路，但是语义透明度、词素能产性、派生后缀是否为中性，以及词素累积频率等因素可以使词素通路更快，甚至成为必需的通路。该模型说明词素以及整词的一些特征是影响成人词素加工的重要因素。在儿童词素意识发展的过程中，我们同样发现这些因素在儿童词素习得的不同时期起作用。

四、词素意识与词汇量、阅读发展的关系

除了考察词素意识的发展及影响因素外，本研究还重点考察了学前儿童和上学后儿童的词素意识与词汇量、阅读理解发展之间的关系，有以下发现：第一，词素分解组合能力对学前儿童口语词汇量的发展有重要贡献，而词素识别能力对上学后儿童书面语词汇量的发展有贡献；第二，词素识别能力和分解组合能力均对学前儿童的听读理解有贡献，词素识别能力对上学后儿童的阅读理解有贡献；第三，复合词的结构意识，即儿童正确识别复合词的中心词的能力，与他们的词汇量和读写能力发展具有非常密切的联系；第四，口语词汇量对学前儿童词素意识的发展也有重要贡献。这些结果表明词素意识与词汇量、阅读的发展

是一种相辅相成、相互促进的关系，词素意识的发展离不开词汇量的积累，而词素意识的发展又进一步促进了词汇量的增加以及阅读理解的发展。

词素意识的不同方面对词汇量发展的贡献不同，这可能与汉语语言特点及词素意识发展的速度有关。汉语存在大量复合词，但是汉语词素数量有限，大约平均每个常用词素可以构成14到15个复合词（尹斌庸，1984）。在词素熟悉的前提下，儿童根据词素的意义就可以推测出生词的意义来，因此分解组合能力对学前儿童口语词汇量的发展非常重要。但是在书面语的学习中，区分同音词素的不同正字法变得很重要，如果儿童可以在口语中正确区分"诚实"的"诚"和"承认"的"承"是不同的词素，那么在学习阅读的过程中，就可以成功地将不同的意义映射到不同的正字法上，因此，词素识别能力对书面词汇量的增长有显著贡献。语言特点对儿童词素意识发展的影响也表现在英语儿童词素意识的发展中，据统计，从三年级开始，英语儿童课本中多词素词的数量迅速增长，而且这些多词素词的词根都是儿童熟悉的，如果儿童可以根据生词的内部结构及词素意义来推测生词意义，就可以借助于词根来学习大量多词素词，词汇量就会快速增长，因此研究发现，三年级以后儿童的词素意识对阅读的预测作用逐渐上升，超过了语音意识对阅读的贡献，表明生词的迅速增长迫使儿童逐渐注意到生词内在的词素结构，利用词素结构来进一步学习生词（Anglin，1993；Nagy & Anderson，1984）。词素意识对词汇量发展的不同贡献与词素意识自身发展的速度也有关系，从实验一到实验六的分析中我们可以看出，汉语儿童的词素分解组合能力发展较早，5岁是迅速发展的时期，因此词素分解组合能力对学前口语词汇量的发展有显著贡献。而词素识别能力却发展较晚，在学前主要依靠整词语义对词素进行识别，到二年级才迅速发展，因此词素识别能力对上学后儿童书面词汇量的发展有贡献。

语言特点的影响也表现在儿童词素意识与听读理解的关系上。汉语词素在口语中与音节相对应，但是汉语中音节数量有限，只有1300多个，而常用词素的数量却有5000多个，词素的数量远远多于音节的数量，因此汉语中存在大量音节相同但意义不同的同音词素。在听读理解任务中，儿童要正确理解句子，首先需要区分同音词素的不同意义，因此词素识别能力对儿童听读理解的贡献较大。从表 26 我们可以看出，分解组合 I 对儿童听读理解的贡献边缘显著。在听觉语言加工中，需要对输入的语音特征进行分析，进而通达词的意义并对词与词之间的结构特征进行分析（Friederici，Meyer，& Von Cramon，2000）。因此我们认为，词汇意义以及词与词之间的句法结构对儿童的听读理解比较重要，而分解组合能力直接作用于词汇量的发展，因此对听读理解的贡献较小。词素意识可以通过两个途径对书面阅读产生影响，一种途径是词素意识直接影响单词识别，另一种途径是词素意识通过扩充词汇量对单词识别产生影响（McBride-Chang et al.，2003）。汉语在书面语中一个汉字对应一个词素，但是汉字与词素并非一一对应，因此汉语存在大量同音词素和同形词素，儿童在学习阅读的时候，区分声音相同但正字法不同的同音词素，以及区分正字法相同但意义不同的同形词素对阅读的发展非常重要。上学后，儿童不管是词汇量的扩展，还是阅读理解的发展，都需要正确识别同音词素和同形词素。张大成等人（1999）及孟祥芝（2000）的研究都发现，儿童听写任务中比例最大的错误是同音替代错误，表明儿童在汉字字形输出的过程中，字形表征不精确，形、音、义之间的对应关系不巩固，导致了大量同音替代错误的产生，由此也可以说明区分相同音节的不同正字法在汉语儿童的阅读学习中起着重要作用。

　　结合前人的研究，本研究还可以进一步说明词素意识对汉语儿童来说尤其重要。汉语在书面语中一个汉字对应一个词素，而英语的书写系统则既表征音素，又表征词素。因此在学习阅读的过程中，词素意识对汉语儿童阅读的发展尤其重要，而语音意识和词素意识对英语儿童来说则十分重要。已有研究表明，英语儿童的词素意识对低年级儿童阅读的预测作用小于语音意识对阅读的预测作用。Carlisle & Nomanbhoy（1993）以派生后缀和屈折后缀的产生成绩为词素意识的指标，考察了一年级儿童词素意识和语音意识对阅读的贡献，发现语音意识对阅读的独立贡献为 37%，而词素意识独立的贡献只有 4%。同样是以产生派生后缀和屈折后缀的成绩作为词素意识的指标，Shankweiler 等人（1995）发现三年级儿童的词素意识对阅读的贡献只有 5%，语音意识的贡献为 11%。Mahony 等人（2000）以词素关系的知识（即 space 与 spatial 含有共同的词素，而 numb 与 numbers 没有共同的词素）为词素意识的指标，同样发现语音预测作用远远大于词素意识的预测作用。而汉语研究则表明，词素意识相对于语音意识来说，对汉语儿童阅读的发展更为重要。Li 等人（2002）的研究发现，词素意识和语音意识对一年级刚入学的儿童阅读的贡献分别为 22.6% 与 12.3%，对四年级儿童阅读的贡献分别为 37.5% 与 8.2%。但是 Li 等人所指的词素意识的贡献既包括几种词素意识任务的综合作用，又包括了形旁意识的贡献。本研究进一步说明词素识别能力确实对汉语低年级儿童的阅读发展有重要贡献。

　　本研究另一个重要发现是，口语词汇量对词素分解组合能力和词素识别能力的发展都有贡献，这表明儿童词素意识的发展需要一定的词汇量作为基础。结合实验三的发现，我们认为儿童最初学习词汇的时候学的是整词，整词积累到一定程度后，语音或语义相似的词建立起联系，促使儿童逐渐意识到其中包含的词素结构以后，词素开始分解。儿童发展起词素意识之后，可以利用熟悉的词素来学习生词，进一步扩充词汇量。同时自由词素和黏着词素发展速度不同也充分体现了词汇量对词素分解的影响，自由词素有明确的语义表征，因此自由词素的识别不需要大量的复合词作为基础，而黏着词素本身没有明确的语义表征，其识别需要大量的家族成员积累。上述结果表明，词素意识的发展不是教学的结果，而是儿童在词汇学习的过程中，多词素词本身的结构特点吸引儿童注意到语言中存在的结构规律，从而产生词素意识。该结果与联结主义模型词素习得与发展的观点一致（Plaut & Gonnerman，2000；Plunkett & Marchman，1991、1993）。Plunkett & Marchman（1991、1993）模拟儿童屈折词素习得的研究表明，儿童在最初学习的时候，通过死记硬背来学习动词的过去式，也就是把动词过去式当作一个整词来学习，因此，可以正确产生 went，wrote 这样的不规则形式。在动词过去式不断学习积累的过程中，儿童注意到这些词共同的特点，即都有一个相同的音［id］，并且都表示过去的动作，这时候，动词过去式的规则"V.+-ed"就逐渐在儿童词典中建立起表征，并对以前按整词形式习得的动词过去式进行重新分析与组织。需要产生新的过去式时，儿童就会用"V.+-ed"的规则。儿童屈折词素习得的过程表明，儿童词素的习得不是一个学习的过程，而是在大量语言材料的基础上，通过分析归纳语言共同的结构特征抽取出一种内隐的规则的过程。儿童最初学习的是整词，在词汇积累的过程中，词典中的词根据相同的语音或语义建立起联系，这种联系促使儿童去分析词的内部结构，词素结构就"浮现"出来了，当儿童习得词素以后，可以通过词素来学习记忆生词，并通过词素来对词典中的词重新组织，使有词素联系的词建立起系统的联系。

本研究发现，复合词结构意识，即儿童正确识别复合词的中心词素的能力，与他们词汇量的发展具有非常密切的联系。根据 Clark 等人（1985）的研究，说英语的儿童最先学会表示中心词素的名词，因为它们同时也是表示基本范畴概念的名称。一旦习得了表示中心词素的名词，儿童就可以在此基础上添加修饰成分来指称一些亚范畴概念。这一点对于汉语儿童的词汇发展来说同样重要，因为汉语词素的能产性较高，一旦儿童习得了中心词素的意义及其在复合词中的作用，他们就会利用这些知识去理解和产生不同的复合词。例如，如果儿童知道"杯"可以做中心词素，那么他或她就能够非常容易地学会"酒杯""茶杯""水杯"等词语。

本研究有关复合词结构意识的结果与 Wang 等人（2006）的结果不一致，在 Wang 等人的研究中，被试在复合词结构意识上的成绩与口语词汇量之间的相关不显著。一个可能的原因是识别复合词中心词素的能力发展较早，这在本研究的实验一、实验二均有体现，而 Wang 等人的研究中，被试年龄较大，在复合词结构意识上的成绩出现了天花板效应。另一个可能的原因是，复合词结构意识的贡献可能受到儿童语言背景的影响，本研究的被试是汉语单语儿童，在学校主要接受的是汉语母语教学，而 Wang 等人研究中的被试为移民至美国的汉语儿童，在学校主要接受英语教学，只在周末学习第二语言汉语。本研究的结果表明，至少对于低年级的汉语单语儿童，识别中心词素的能力与他们词汇量的发展具有紧密的联系。

儿童在复合词类推任务上的成绩与词汇量的发展之间亦存在密切的联系。复合词的类推任务考察的是儿童理解复合词的结构和意义的能力，即认识到复合词是由两个或两个以上词素构成的，且复合词的词义是构词词素意义的融合。这种能力之所以对词汇量的发展有重要作用，其原因可能是：（1）汉语大部分词素的构词能力较强，因此当儿童遇到一个新的复合词的时候，其构词词素很可能是儿童所熟悉的；（2）绝大多数汉语复合词是语义透明的复合词，构词词素的意义与复合词整词的意义存在直接的联系。鉴于以上两点原因，有关复合词规则的知识与词素意义的知识能够帮助儿童用有限的熟悉词素来产生大量的复合词。

在本研究中，复合词意识对汉语儿童词汇量发展的贡献超过了语音意识的贡献，音节意识与韵母意识均不能显著预测汉语儿童词汇量的发展状况。音节意识对词汇量发展无显著贡献的原因可能是汉语中存在大量的同音词素，一个音节往往对应多个不同的词素和汉字，导致音节意识的作用非常有限。

正如我们在前文所强调的，复合词意识与词汇发展之间的关系很可能是双向的（Nagy et al., 2003）。词汇知识为儿童了解词素与复合词规则奠定了基础，因为早期语言的发展主要是从整体到部分（McBride-Chang et al., 2007）。根据 Gombert（1992）提出的元语言发展模型（metalinguistic development framework），我们假设复合词意识的发展经历了三个阶段。首先，儿童开始在丰富的语用环境中表现出对语言的控制能力。例如 Clark（1995）发现即使是 2 岁儿童也能够生造复合词来表达意义。随后，最初的意识逐渐转化为实际的意识，此时儿童能够以抽象的方式来对待或思考词素及复合词规则。最后，儿童对复合词的意识提升到了有意识的层面，在这一阶段，儿童能够有意识地将词素按照一定的规则组合成复合词。对复合词意义与形成加工的意识有助于词汇习得，因此复合词意识与词汇知识之间的关系很可能随着儿童语言与读写能力的提高而逐渐变成双向的关系。McBride-Chang，Tardif，Cho，Shu，Fletcher 等人（2008）说明了这种双向的关系，他们发现 4 岁幼儿的词素意识可以预测一年后词汇知识的成绩，而词汇知识也可以预测随后词素意识的发展。

本研究的结果还表明复合词意识对于汉字认读有非常重要的作用。在排除了年龄、快速命名和语音意识的影响后，儿童在复合词类推任务上的成绩能够显著预测他们的汉字认读成绩。复合词类推任务，要求儿童通达到词中的每一个词素。拿"斑马是身上有斑纹的一种马，那么身上有斑纹的牛我们叫什么？"这一问题来说，要想准确地回答出"斑牛"，儿童需要从词语"斑纹"中抽取出词素"斑"，并与主试描述中提供的词素"牛"组合起来。复合词类推任务与汉字认读之间显著的关系表明，如果儿童对口语中的词素比较敏感，那么他们就容易将词素映射到书面的汉字上，从而有效学会阅读。而在复合词结构任务中，儿童的注意力主要在中心词素上，并不一定通达到复合词的另一个词素。因此，只有通达到每一个词素的这种较深层的复合词意识才与汉字认读存在密切的关系，这种意识有助于儿童建立起口语中的词素与书面文字中的汉字的对应关系。

从上面的分析我们可以看出，词素意识与词汇量、阅读发展的关系非常密切，相辅相成。大量语言输入对词素意识的培养非常重要，同时儿童发展起词素意识以后，又可以利用它来进一步学习生词，扩充词汇量。更重要的是，儿童会利用词素规则对词典进行重新组织，将生词纳入原有的词素联系之中，加强同一词素家族的联结，进一步促进生词的学习。

五、有待于进一步研究的问题

虽然本研究通过一系列实验对汉语儿童词素意识的不同方面及其发展进行了较全面的考察，但在一些问题上还需要进一步细致、深入地探讨。

5.1 汉语儿童词素意识的其他方面

本研究主要考察了分解组合能力和词素识别能力这两种意识的发展，还顺带考察了小学低年级儿童汉语复合词的结构意识以及根据复合结构进行类推的能力。除此之外，汉语儿童还发展了哪些词素意识？上学后儿童遇到大量正字法相同但意义不同的同形词素，儿童是如何区分这些同形词素的？学前儿童和上学后儿童对同形词素的区分是否会采用相似的策略等问题需要进一步研究。本研究只考察了3岁到二年级儿童的词素意识，从每个任务的平均数来看，上学后儿童的词素意识还处于发展中，因此需要进一步探讨小学高年级儿童的词素意识的发展。

5.2　语言产生中复合词的意识

本研究主要采用理解任务考察了汉语儿童词素意识的发展，有研究表明产生的任务与阅读的关系比理解的任务与阅读的关系更紧密（Carlisle，1995；Nicoladis，2003）。我们虽然采用复合词类推任务考察了小学低年级儿童在有情境制约的条件下能否产生符合构词规则的复合词，但这是一种比较综合的复合词意识，既考察儿童对词素的选择，也考察他们对词素构词规则的了解，还考察他们对复合词韵律结构等的意识。在以后的研究中，需要寻找更为单一的词素意识的产生任务，这样可以考察词素意识的不同方面是如何随着年龄的增长而发展的。一些儿童自发言语的记录研究发现，儿童在很小的时候就可以直接把两个词根组合起来表达一个意义（Clark，1995）。但是目前很少有研究者通过实验考察语言产生中儿童的复合词意识，因此，在以后的研究中应该进一步考察语言产生中儿童的复合词意识，语言产生中复合词的意识对阅读发展的影响，以及理解复合词和产生复合词需要的词素意识有无差异，二者对词汇量、阅读的预测作用是否一致。

5.3　词素意识与词汇量发展因果关系的考察

本研究利用回归分析考察了词素意识与词汇量、阅读的关系，得出的只能是一种相关关系，无法解决词素意识与词汇量谁先谁后的问题。从实验三来看，儿童词素的习得需要一定的词汇量为基础，但是在儿童语言发展中，词汇量发展到什么程度儿童开始分解词素？还是词汇量的发展与词素意识的发展是同步的？因此需要通过纵向研究来进一步考察词汇量和词素意识发展的关系。

5.4　数据库分析及数据库建设

本研究发现词素类型是影响儿童词素分解的一个重要因素，自由词素的发展较早，黏着词素和后习得的自由词素的发展较晚。我们认为主要是因为儿童对黏着词素以及后习得的自由词素的分解需要依赖词素家族成员的数量及家族成员之间语义关系的一致。因为目前还没有幼儿语言发展的词素库，因此没法直接比较自由词素和黏着词素的家族数。对儿童语言中自由词素和黏着词素的比例，词素与整词习得顺序的差异，以及不同年龄儿童的家族数的动态变化等因素的考察有助于更清晰地揭示儿童词素意识发展规律。

六、结论

结合前人研究基础，根据本研究一系列实验的结果和讨论分析，我们得到以下几条结论。

1. 汉语儿童词素意识的两个方面——分解组合能力和同音词素识别能力的发展规律稍有不同。分解组合能力在学前得到迅速发展，5 岁是迅速发展的时期；而同音词素识别能力迅速发展时期是上学以后，二年级儿童的词素识别能力已经发展较好。

2. 词素意识的发展是一个从整词向词素分解过渡的过程，而且这一过程受很多因素的影响。其中整词熟悉性促使儿童根据语音或语义相似性在词与词之间建立起联系，为词素的分解奠定了基础；词素的类型频率则通过改变词素家族成员间的联结强度起作用，家族成员多的词素容易分解，尤其是对于黏着词素和后习得的自由词素，其分解完全依赖于词素的家族数；词素熟悉性和语义透明度则影响儿童分解组合能力的运用，汉语中大量的语义透明复合词的存在"鼓励"儿童运用词素分解组合能力来学习生词，而词素熟悉性则是分解组合能力运用的前提；汉语存在大量偏正结构的复合词，偏正结构的能产性促使儿童很早就形成语义重心意识。

3. 词素意识与词汇量、阅读的发展是一种双向关系。首先，口语词汇量是解释语素意识发展的重要预测指标表明，掌握一定数量的互相有联系的整词是儿童词素意识产生与发展的基础；词素意识发展起来以后，儿童会利用熟悉的词素及词汇结构的知识学习新词，从而进一步扩充词汇量。分解组合能力主要促进学前口语词汇量的发展，而词素识别能力主要促进书面语词汇量的发展。词素识别能力不论对学前儿童听读理解的发展，还是上学后儿童阅读理解的发展都有贡献。

4. 本研究中发现的汉语儿童在复合词中表现出来的词素意识的方面以及发展的规律与一些已经报道的拼音语言儿童在派生词、屈折词中表现出来的词素意识发展规律存在相似之处，表明不同语言中多词素词词素意识的发展遵循一些共同的规律。

参考文献

北京语言学院语言教学研究所（1986）《现代汉语频率词典》，北京语言学院出版社。

陈亚川、郑懿德（2000）《吕叔湘著＜汉语语法分析问题＞助读》，语文出版社。

黄伯荣、廖序东主编（1997）《现代汉语》，甘肃人民出版社。

吕叔湘（1958）语言和语言学，《语文学习》第 2 期、第 3 期。

吕叔湘（1979）《汉语语法分析问题》，商务印书馆。

陆志韦（1956）构词学的对象和手续，《中国语文》第 12 期。

陆志韦（1957）《汉语的构词法》，科学出版社。

孟祥芝（2000）汉语发展性阅读障碍儿童的汉字表征与加工，北京师范大学博士论文。

彭聃龄、丁国盛（1997）中文双字词的表征与加工（上），《心理科学》第 4 期。

彭聃龄、丁国盛（1997）中文双字词的表征与加工（下），《心理科学》第 5 期。

汤云航（1995）普通话语音的统计分析，《承德民族师专学报》第 1 期。

王春茂、彭聃龄（1999）合成词加工中的词频、词素频率及语义透明度，《心理学报》第 3 期。

王文斌（2001）汉语并列式合成词的词汇通达，《心理学报》第 2 期。

苑春法、黄昌宁（1998）基于语素数据库的汉语语素及构词研究，《语言文字应用》第 3 期。

尹斌庸（1984）汉语语素的定量研究，《中国语文》第 5 期。

张大成、张厚粲、周晓林、舒华（1999）听写任务下的字词加工，《语言文字应用》第 1 期。

张金桥（2009）重复启动条件下汉语联合式合成词的词汇通达机制，《语言文字应用》第 3 期。

张寿康（1957）略论汉语构词法，《中国语文》第 6 期。

周国光（2004）《现代汉语词汇学导论》，广东高等教育出版社。

朱德熙（1961）说"的"，《中国语文》第 12 期。

Adams, M. (1990). *Beginning to Read*. Cambridge, MA: MIT Press.

Anderson, R. C., & Freebody, P. (1981). Vocabulary Knowledge. In J. T. Guthrie (Ed.), *Comprehension and Teaching: Research Reviews*. Newark, DE: International Reading Association.

Andrews, S., Miller, B., & Rayner, K. (2004). Eye Movements and Morphological Segmentation of Compound Words: There Is a Mouse in Mousetrap. *European Journal of Cognitive Psychology*, *16*, 285-311.

Anglin, J. M. (1993). *Vocabulary Development: A Morphological Analysis*. Monographs of the Society for Research in Child Development. (Serial No. 238). Chicago: University of Chicago Press.

Arnbak, E. & Elbro, C. (2000). The Effects of Morphological Awareness Training on the Reading And Spelling Skills of Young Dyslexics. *Scandinavian Journal of Educational Research*, *44*(3), 229-251.

Baayen, R. H., Dijkstra, T., & Schreuder, R. (1997). Singulars and Plurals in Dutch: Evidence for a Parallel Dual Route Model. *Journal of Memory and Language*, *36*, 94-117.

Badian, N. A. (1993). Phonemic Awareness, Naming, Visual Symbol Processing, and Reading. *Reading and Writing: An Interdisciplinary Journal*, *5*, 87–100.

Beck, I. L., McKeown, M. G., & Omanson, R. C. (1987). The Effects and Uses of Diverse Vocabulary Instructional Techniques. In M. G. McKeown & M. E. Curtis (Eds.), *The Nature of Vocabulary Acquisition*. Hillsdale, NJ: Erlbaum.

Berko, J. (1958). The Child's Learning of English Morphology. *Word*, *14*, 150-177.

Berman, R. A., & Clark, E. V. (1989). Learning to Use Compounds for Contrast: Data from Hebrew. *First Language*, *9*, 247-270.

Bertram, R., Baayen, R. H., & Schreuder, R. (2000). Effects of Family Size for Complex Words. *Journal of Memory and Language*, *42*, 390-405.

Bertram, R., & Hyönä, J. (2003). The Length of a Complex Word Modifies the Role of Morphological Structure: Evidence from Eye Movements When Reading Short and Long Finnish Compounds. *Journal of Memory and Language*, *48*, 615-634.

Brittain, M. (1970). Inflectional Performance and Early Reading Achievement. *Reading Research Quarterly*, *6*, 34–48.

Biemiller, A. (2005). Size and Sequence in Vocabulary Development: Implications for Choosing Words for Primary Grade Vocabulary Instruction. In A. Hiebert & M. L. Kamil (Eds.), *Teaching and Learning Vocabulary: Bringing Research to Practice* (pp. 223—242). Mahwah, NJ: Lawrence Erlbaum Associates.

Biemiller, A., & Slonim, N. (2001). Estimating Root Word Vocabulary Growth in Normative and Advantaged Populations: Evidence for a Common Sequence of Vocabulary Acquisition. *Journal of Educational Psychology*, *93*, 498–520.

Bowerman, M. (1982). Reorganizational Processes in Lexical and Syntactic Development. In E. Wanner & L. Gleitman (Eds.), *Language Acquisition: The State of the Art*. New York: Cambridge University Press.

Brown, R. (1973). Inflectional Performances and Early Reading Achievement. *Reading Research Quarterly*, *6*, 34-48.

Burani, C., Marcolini, S., & Stella, G. (2002). How Early Does Morphological Reading Develop in Readers of a Shallow Orthography? *Brain and Language*, *81*, 568-586.

Butterworth, B. (1983). Lexical Representation. In B. Butterworth (Ed.), *Language Production* (Vol. 2, pp. 257-294), San Diego, CA: Academic Press.

Bybee, J. (1985). *Morphology: A Study of the Relation Between Meaning and Form*, John Benjamins.

Bybee, J. L (1995). Diachronic and Typological Properties of Morphology and Their Implications for Representation. In L. B. Feldman (Ed.), *Morphological Aspects of Language Processing* (pp.225-246). Hillsdale, NJ: Lawrence Erlbaum Associates Inc.

Caramazza, A., Laudanna, A., & Romani, C. (1988). Lexical Access and Inflectional Morphology. *Cognition*, *28*, 297-332.

Carlisle, J. F. (1988). Knowledge of Derivation Morphology and Spelling Ability in Fourth, Sixth, and Eighth Graders. *Applied Psycholinguistics*, *9*, 247-266.

Carlisle, J. F. (1995). Morphological Awareness and Early Reading Achievement. In L. Feldman (ed), *Morphological Aspects of Language Processing* (pp. 189-209). Hillsdale, NJ: Erlbaum.

Carlisle, J. F. (2000). Awareness of the Structure and Meaning of Morphologically Complex Words: Impact on Reading. *Reading and Writing: An Interdisciplinary Journal*, *12*, 169-190.

Carlisle, J. F., & Fleming, J. (2003). Lexical Processing of Morphologically Complex Words in the Elementary Years. *Scientific Studies of Reading*, *7*, 239-253.

Carlisle, J. F. & Nomanbhoy, D. (1993). Phonological and Morphological Development. *Applied Psycholinguistics*, *14*, 177-195.

Casalis, S., Colé, P., & Sopo, D. (2004). Morphological Awareness in Developmental Dyslexia. *Annals of Dyslexia*, *54*, 114-138.

Casalis, S. & Louis-Alexandre, M. F. (2000). Morphological Analysis, Phonological Analysis and Learning to Read French:A Longitudinal Study. *Read and Writing: An Interdisciplinary Journal*, *12*, 303-335.

Champion, A. (1997). Knowledge of Suffixed Words: A Comparison of Reading Disabled and Nondisabled Readers. *Annals of Dyslexia*, *24*, 29-55.

Chen, X., Hao, M. L., Geva, E., Zhu, J., & Shu, H. (2009). The Role of Compound Awareness in Chinese Children's Vocabulary Acquisition and Character Reading. *Reading & Writing*, *22*, 615-631.

Clark, E. V. (1981). Lexical Innovations: How Children Learn to Create New Words. In W. Deutsch (Ed.), *The Child's Construction of Language*. London: Academic Press.

Clark, E. V. (1995). *The Lexicon in Acquisition*. Cambridge: Cambridge University Press.

Clark, E. V. (1995). The Lexicon and Syntax. In J. L. Miller and P. D. Eismas (Eds.) *Speech, Language, and Communication* (pp. 303-337). San Diego: Academic Press.

Clark, E. V., & Berman, R. A. (1987). Types of Linguistic Knowledge: Interpreting and Producing Compound Nouns. *Journal of Child Language*, *14*, 547-567.

Clark, E. V., & Cohen, S. R. (1984). Productivity and Memory for Newly Formed Words. *Journal of Child Language*, *2*, 611-625.

Clark, E. V., Gelman, S. A., & Lane, N. M. (1985). Compound Nouns and Category Structure in Young Children. *Child Development*, *56*, 84-94.

Clark, E. V., & Hecht, B. F. (1982). Learning to Coin Agent and Instrument Nouns. *Cognition*, *12*, 1-24.

Clark, E. V., Hecht, B. F., & Mulford, R. C. (1986). Coining Complex Compounds in English: Affixes and Word Order in Acquisition. *Linguistics*, *24*, 7-29.

Coolen, R., van Jaarsveld, H. J., & Schreuder, R. (1991). The Interpretation of Isolated Novel Nominal Compounds. *Memory and Cognition*, *19*(4), 341-352.

Cottrell, G. W., & Plunkett, K. (1995). Acquiring the Mapping from Meanings to Sounds. *Connection Science*, *6*, 379-412.

Cunningham, A. E., & Stanovich, K. E. (1990). Assessing Print Exposure and Orthographic Processing Skill in Children: A Quick Measure of Reading Experience. *Journal of Educational Psychology*, *82*, 733–740.

Deacon, H., & Kirby, J. (2004). Morphological Awareness: Just More Phonological? The Roles of Morphological and Phonological Awareness in Reading Development. *Applied Psycholinguistics*, *25*, 223–238.

Deacon , S.H., Wade-Woolley, L., & Kirby, J. (2007). Cross-Over: The Role of Morphological Awareness in French Immersion Children's Reading. *Developmental Psychology*, *43*(3), 732–746.

Derwing, B. (1976). Morpheme Recognition and the Learning of Rules for Derivational Morphology. *Canadian Journal of Linguistics*, *21*, 38-66.

Derwing, B. & Baker, W. (1979). Recent Research on the Acquisition of English Morphology. In P. Fletcher & M. Garman (Eds.), *Language Acquisition* (pp. 209-222). New York: Cambridge University Press.

Duñabeitia, J. A., Perea, M., & Carreiras, M. (2007). The Role of the Frequency of Constituents in Compound Words: Evidence from Basque and Spanish. *Psychonomic Bulletin and Review*, *14*, 1171-1176.

Forster, K. I., & Azuma, T. (2000). Masked Priming for Prefixed Words with Bound Stems: Does *Submit* Prime *Permit*? *Language and Cognitive Processes*, *15*(4/5), 539-561.

Fowler, A. E., & Liberman, I. Y. (1995). The Role of Phonology and Orthography in Morphological Awareness, Laurie Beth Feldman (Ed.) *Morphological Aspects of Language Processing* (pp. 157-188). Lawrence Erlbaum Associates.

Fowler, A., Feldman, L.B., Andjelkovic, D., & Oney, B. (2003). Morphological and Phonological Analysis by Beginning Readers: Evidence from Serbo-Croatian and Turkish. In E. Assink and D. Sandra (Eds.). *Reading Complex Words: Neuropsychology and Cognition*. Amsterdam, The Netherlands: Kluwer.

Freyd, P., & Baron, J. (1982). Individual Differences in Acquisition of Derivational Morphology. *Journal of Verbal Learning and Verbal Behavior*, *21*, 282-295.

Friederici, A. D., Meyer, M., & Von Cramon, D. Y. (2000). Auditory Language Comprehension: An Event-Related fMRI Study on the Processing of Syntactic and Lexical Information. *Brain and Language*, *74*, 289-300.

Frisson, S., Niswander-Klement, E., & Pollatsek, A. (2008). The Role of Semantic Transparency in the Processing of English Compound Words. *British Journal of Psychology*, *99*, 87-107.

Frost, R., Grainger, J., & Rastle, K. (2005). Current Issues in Morphological Processing: An Introduction. *Language and Cognitive Processes*, *20*(1/2), 1-5.

Gombert, J. E. (1992). Metalinguistic Development. Chicago: University of Chicago Press.

Gonnerman, L., Seidenberg, M. S., & Andersen, E. (2007). Graded Semantic and Phonological Similarity Effects in Priming: Evidence for a Distributed Connectionist Approach to Morphology. *Journal of Experimental Psychology: General*, *136*, 323-345.

Gordon, P. (1989). Levels of Affixation in the Acquisition of English Morphology. *Journal of Memory and Language*, *28*, 519-530.

Gottfried, G. M. (1997). Comprehension Compounds: Evidence for Metaphoric Skill? *Journal of Child Language*, *24*, 163-186.

Goswami, U., & Bryant, P. (1990). *Phonological Skills and Learning to Read*. Hove, UK: Lawrence Erlbaum.

Green, L., McCutchen, D., Schwiebert, C., Quinlan, T., Eva-Wood, A., & Juelis, J. (2003). Morphological Development in Children' s Writing. *Journal of Educational Psychology*, *95*, 752–761.

Henderson, E. (1985). *Teaching Spelling*. Boston: Houghton Mifflin.

Ho, C.S.-H., & Bryant, P. E. (1997). Learning to Read Chinese Beyond the Logographic Phase. *Reading Research Quarterly*, *32*, 276-289.

Hyönä, J. & Pollatsek, A. (1998). Reading Finnish Compound Words: Eye Fixations

Are Affected by Component Morphemes. *Journal of Experimental Psychology: Human Perception and Performance*, *24*, 1612-1627.

Inhoff, A. W., Briihl, D., & Schwartz, J. (1996). Compound Word Effects Differ in Reading, On-line Naming, and Delayed Naming Tasks. *Memory & Cognition*, *24*, 466-476.

Isel, F., Gunter, T. C., & Friederici, A. D. (2003). Prosody-Assisted Head-Driven Access to Spoken German Compounds. *Journal of Experimental Psychology: Learning, Memory, and Cognition*, *29*(2), 277-288.

Jarema, G., Busson, C., Nikolova, R., Tsapkini, K., & Libben, G. (1999). Processing Compounds: A Cross-Linguistic Study. *Brain and Language*, *68*, 362-369.

Juhasz, B. J. (2008). The Processing of Compound Words in English: Effects of Word Length on Eye Movements During Reading. *Language and Cognitive Processes*, *23*(7–8), 1057–1088.

Juhasz, B. J., Starr, M. S., Inhoff, A. W., & Placke, L. (2003). The Effects of Morphology on the Processing of Compound Words: Evidence from Naming, Lexical Decisions and Eye Fixations. *British Journal of Psychology*, *94*, 223-244.

Kirby, J.R., Deacon, S.H., Bowers, P.N., Izenberg, L., Wade-Woolley, L., & Parilla, R. (2012). Children's Morphological Awareness and Reading Ability. *Reading & Writing: An Interdisciplinary Journal*, *25*(2),389-410.

Koester, D., Gunter, T.C., & Wagner, S. (2007). The Morphosyntactic Decomposition and Semantic Composition of German Compound Words Investigated by ERPs. *Brain & Language*, *102*, 64-79.

Koester, D., Holle, H., & Gunter, T. C. (2009). Electrophysiological Evidence for Incremental Lexical-Semantic Integration in Auditory Compound Comprehension. *Neuropsychologia*, *47*(8-9), 1854-1864.

Krott, A., & Nicoladis, E. (2005). Large Constituent Families Help Children Parse Compounds. *Journal of Child Language*, *32*, 139–158.

Ku, Y-M., & Anderson, R. C. (2003). Development of Morphological Awareness in Chinese and English. *Reading and Writing: An Interdisciplinary Journal*, 16, 399-422.

160

Kuo, L.J., & Anderson, R.C. (2006). Morphological Awareness and Learning to Read: A Cross-Language Perspective. *Educational Psychologist*, *3*, 161-180.

Laxon, V., Rickard, M., & Coltheart, V. (1992). Children Read Affixed Words and Non-Words. *British Journal of Psychology*, 83, 407-423.

Leong, C. K. (1989). Productive Knowledge of Derivational Rules in Poor Readers. *Annals of Dyslexia*, *39*, 94–115.

Leonard, L. B., McGregor, K. K., & Allen, G. D. (1992). Grammatical Morphology and Speech Perception in Children with Specific Language Impairment. *Journal of Speech and Hearing Research*, *35*, 1076-1085.

Levelt, W.J.M., Roelofs, A., & Meyer, A.S. (1999). A Theory of Lexical Access in Speech Production. *Behavioral and Brain Sciences*, *22*, 1-75.

Li, W., Anderson, R.C., Nagy, W., & Zhang, H. (2002). Facets of Metalinguistic Awareness that Contribute to Chinese Literacy. In Wenling Li, J. S. Gaffney, & J. L. Packard (Eds.) *Chinese Children's Reading Acquisition: Theoretical and Pedagogical Issues* (pp. 87-106). London: Kluwer Academic Publishers.

Libben, G. (1998). Semantic Transparency in the Processing of Compounds: Consequences for Representation, Processing, and Impairment. *Brain and Language*, *61*, 30-44.

Libben, G., Gibson, M., Yoon, Y. B., & Sandra, D. (2003). Compound Fracture: The Role of Semantic Transparency and Morphological Headedness. *Brain and Language*, *84*, 50-64.

Liu, P. D., & McBride-Chang, C. (2010). What Is Morphological Awareness? Tapping Lexical Compounding Awareness in Chinese Third Graders. *Journal of Educational Psychology*, *102*, 62-73.

Liu, Y. & Peng, D. L. (1997). Meaning Access of Chinese Compounds and Its Time Course, In H-C. Chen, (ed.), *Cognitive Processing of Chinese and Related Asian Languages* (pp. 219-232). Hong Kong: The Chinese University Press.

Lyytinen, P. (1987). Cognitive Skills and Finish Language Inflection. *Scandinavian Journal of Psychology*, *28*, 304-312.

Mahony, D. (1994). Using Sensitivity to Word Structure to Explain Variance in High School and College Level Reading Ability. *Reading and Writing: An Interdisciplinary Journal*, *6*, 19-44.

Mahony, D., Singson, M., & Mann, V. (2000). Reading Ability and Sensitivity to Morphological Relations. *Reading and Writing: An Interdisciplinary Journal*, *12*, 191–218.

Makkai, A. (1972). *Idiom Structure in English*. The Hague: Mouton.

Mann, V. A. (2000). Introduction to Special Issue on Morphology and the Acquisition of Alphabetic Writing Systems. *Reading and Writing: An Interdisciplinary Journal*, *12*, 143-147.

Marchman, V., Wulfeck, B., & Weismer, S. (1999). Morphological Productivity in Children with Norman Language and SLI: A Study of English Past Tense. *Journal of Speech, Language and Hearing Research*, *42*, 206-219.

Marcus, G., Pinker, S., Ullman, M., Hollander, M., Rosen, T. J. & Xu, F. (1992) Overregularization in Language Acquisition. *Monographs of the Society for Research in Child Development*, *57* (4, Serial No. 228).

Marslen- Wilson, W., Tyler, L. K., Waksler, R., & Older, L. (1994). Morphology and Meaning in the English Mental Lexicon. *Psychological Review*, *101*, 3-33.

McBride-Chang, C., Shu, H., Zhou, A., Wat C. P., & Wagner, R.K. (2003). Morphological Awareness Uniquely Predicts Young Children's Chinese Character Recognition. *Journal of Educational Psychology*, *95*, 743-751.

McBride-Chang, C., Tardif, T., Cho, J.-R., Shu, H., Fletcher, P., Stokes, S.F., et al. (2008). What's in a Word? Morphological Awareness and Vocabulary Knowledge in Three Languages. *Applied Psycholinguistics*, *29*(3), 437-462.

McBride-Chang, C., Wagner, R. K., Muse, A., Chow, B. W.-Y., & Shu, H. (2005). The Role of Morphological Awareness in Children's Vocabulary Acquisition in English. *Applied Psycholinguistics*, *26*, 415–435.

McBride-Chang, C., Cheung, H., Chow, B. W.-Y., Chow, C. S.-L., & Choi, L. (2006). Metalinguistic Skills and Vocabulary Knowledge in Chinese (L1) and English (L2). *Reading and Writing*, *19*, 695-716.

McGregor, K. & Waxman, S.R. (1998). Object Naming at Multiple Hierarchical Levels: A Comparison of Preschoolers with and Without Word-Finding Deficits. *Journal of Child Language*, *25*, 419-430.

Mellenius, I. (1997). Children's Comprehension of Swedish Nominal Compounds. In C. E. Johnson & J. H. V. Gilbert et al. (Eds.), *Children's Language* (Vol. 9, pp.167-182). Mahwah, NJ: Erlbaum.

Miller, G. A. (1988). The Challenge of Universal Literacy. *Science*, *241*, 1293-1299.

Miller, G. A. (1991). *The Science of Words*. New York: Scientific American Library.

Moats, L. C. (2000). *Speech to Print: Language Essentials for Teachers*. Paul H. Brookes Pub.

Monsell, S. (1985). Repetition and the Lexicon. In A. W. Ellis (Ed.), *Progress in the Psychology of Language*. London: Lawrence Erlbaum.

Nagy, W. E., & Anderson, R. C. (1984). How Many Words Are There in Printed School English. *Reading Research Quarterly*, *19*, 304-329.

Nagy, W., Anderson, R. C., Schommer, M., Scott, J. A., & Stallman, A. C. (1989). Morphological Families in the Internal Lexicon. *Reading Research Quarterly*, *24*, 263-282.

Nagy, W., Berninger, V., Abbott, R., Vaughan, K., & Vermeulen, K. (2003). Relationship of Morphology and Other Language Skills to Literacy Skills in at-risk Second-Grade Readers and at-risk Fourth-Grade Writers. *Journal of Educational Psychology*, *4*, 730–742.

Nagy, W., Berninger, V. W., & Abbott, R. (2006). Contributions of Morphology beyond Phonology to Literacy Outcomes of Upper Elementary and Middle-School Students, *Journal of Educational Psychology*, *98*, 134-147.

Nagy, W. E., Diabkidoy, I. A., & Anderson, R. C. (1993). The Acquisition of Morphology: Learning the Contribution of the Suffixes to the Meaning of Derivations. *Journal of Reading Behavior*, *23*, 155-170.

Nagy, W. E. & Herman, P.A. (1987). Breadth and Depth of Vocabulary Knowledge: Implications for Acquisition and Instruction. In M.A. McKeown and M.E. Curtis (Eds.), *The Nature of Vocabulary Acquisition* (pp. 19-35). Hillsdale, NJ: Erlbaum.

National Reading Panel. (2000). *Teaching Children to Read: An Evidence-Based Assessment of the Scientific Literature on Reading and Its Implications for Reading Instruction*. Bethesda, MD: National Institute of Child Health and Human Development.

Nicoladis, E. (2003). What Compound Nouns Mean to Preschool Children. *Brain and Language*, *84*, 38-49.

Nicoladis, E., & Krott, A. (2007). Word Family Size and French-Speaking Children Segmentation of Existing Compounds. *Language Learning*, *57*, 201–228.

Nunes, T., Bryant, P. & Bindman, M. (1997). Morphological Spelling Strategies: Developmental Stages and Processes. *Developmental Psychology*, *33*, 637-649.

Oetting, J. & Horohov, J. (1997). Past Tense Marking in Children with and without Specific Language Impairment. *Journal of Speech and Hearing Research*, *40*, 62-74.

Orsolini, M. & Marslen-Wilson, W. (1997). Universals in Morphological Representation: Evidence from Italian. *Language and Cognitive Processes*, *12*(1), 1-47.

Peng, D. L., Liu, Y., & Wang, C. M. (1999). How Is Access Representation Organized? The Relation of Polymorphemic Words and Their Morphemes in Chinese. In J. Wang, A. W. Inhoff, & H-C. Chen (Eds.) *Reading Chinese Script: A Cognitive Analysis* (pp. 65-89). Mahwah, New Jersey: Lawrence Erlbaum Associates.

Peng, D., Zhang, B., & Liu, Z. (1993). *Lexical Decomposition and Whole Word Storage of Chinese Coordinative Two-Character Word*. Proceedings of the Second Afro-Asian Psychological Congress. Peking University Press.

Pinker, S. (1991). Rules of Language. *Science*, *253*, 530-535.

Pinker, S., & Prince, A. (1988). On Language and Connectionism: Analysis of a Parallel Distributed Processing Model of Language Acquisition. *Cognition*, *28*, 73-193.

Pinker, S. & Ullman, M. (2002). The Past and Future of the Past Tense. *Trends in Cognitive Science*, *6*, 456-463.

Plaut, D. C. & Gonnerman, L. M. (2000). Are Non-Semantic Morphological Effects Incompatible with a Distributed Connectionist Approach to Lexical Processing? *Language and Cognitive Processes*, *15*, 445-485.

Plunkett, K. & Marchman, V. (1991). U-Shaped Learning and Frequency Effects in a Multi-Layered Perception: Implications for Child Language Acquisition. *Cognition*, *38*, 43-102.

Plunkett, K. & Marchman, V. (1993). From Rote Learning to System Building: Acquiring Verb Morphology in Children and Connectionist Nets. *Cognition*, *48*, 21-69.

Plunkett, K. & Marchman, V. (1996). Learning from a Connectionist Model of the Acquisition of the English Past Tense. *Cognition*, *61*, 299-308.

Pollatsek, A., & Hyönä, J. (2005). The Role of Semantic Transparency in the Processing of Finnish Compound Words. *Language and Cognitive Processes*, *20*, 261-290.

Pollatsek, A., Hyönä, J., & Bertram, R. (2000). The Role of Morphological Constituents in Reading Finnish Compound Words. *Journal of Experimental Psychology: Human Perception and Performance*, *26*, 820-833.

Pylkkänen, L., Feintuch, S., Hopkins, E., & Marantz, A. (2004). Neural Correlates of the Effects of Morphological Family Frequency and Family Size: An MEG Study. *Cognition*, *91*, B35-B45.

Rice, M. L., Wexler, K., & Cleave, P. L. (1995). Specific Language Impairment as a Period of Extended Optional Infinitive. *Journal of Speech and Hearing Research*, *38*, 850-863.

Rispens, J. E., McBride-Chang, C., & Reitsma, P. (2008). Morphological Awareness and Early and Advanced Word Recognition and Spelling in Dutch. *Reading and Writing*, *21*, 587–607.

Rubin, II. (1988). Morphological Knowledge and Early Writing Ability. *Language and Speech*, *31*, 337-355.

Rueckl, J. G., Mikolinski, M., Raveh, M. Miner, C. S., & Mars, F. (1997). Morphological Priming, Fragment Completion, and Connectionist Networks. *Journal of Memory and Language*, *36*(3), 382-405.

Rueckl, J. G., & Raveh, M. (1999). The Influence of Morphological Regularities on the Dynamics of a Connectionist Network. *Brain and Language*, *68*, 110-117.

Sandra, D. (1990). On the Representation and Processing of Compound Words: Automatic Access to Constituent Morphemes Does Not Occur. *The Quarterly Journal of Experimental Psychology*, *42A*, 529-567.

Sandra, D. (1994). The Morphology of the Mental Lexicon: Internal Word Structure

Viewed From a Psycholinguistics Perspective. *Language and Cognitive Processes*, *9*, 227-269.

Schreuder, R. & Baayen, R. H. (1995). Modelling Morphological Processing. In L. B. Feldman (Ed.), *Morphological Aspects of Language Processing* (pp.131-154). Hillsdale, NJ: Lawrence Erlbaum Associates Inc.

Schreuder, R., & Baayen, R. H. (1997). How Complex Simplex Words Can Be. *Journal of Memory and Language*, *37*, 118-139.

Seidenberg, M. S. & Gonnerman, L. M. (2000). Explaining Derivational Morphology as the Convergence of Codes. *Trends in Cognitive Science*, *4*, 353-361.

Seymour, P. H. K. (1987). Individual Cognitive Analysis of Competent and Impaired Reading. *British Journal of Psychology*, *78*, 483-506.

Shankweiler, D., Crain, S., Katz, L., Fowler, A. E., Liberman, A. E., Brady, S. A., Thornton, R., Lundquist, E., Dreyer, L., Fletcher, J. M., Stuebing, K. K., Shaywitz, S. E. & Shaywitz, B. A. (1995). Cognitive Profiles of Reading-Disabled Children: Comparisons of Language Skills in Phonology, Morphology and Syntax. *Psychological Science*, *6*, 149-156.

Shimomura, M. (1999). Kanji Lexicality Effect in Partial Repetition Priming: The Relationship Between Kanji Word and Kanji Character Processing. *Brain and Language*, *68*, 82-88.

Shu, H., Chen, X., Anderson, R.C., Wu, N., & Xuan, Y. (2003). Properties of School Chinese: Implications for Learning to Read. *Child Development*, *74*, 27-47.

Shu, H., McBride-Chang, C., Wu, H., & Liu, H. (2006). Understanding Chinese Developmental Dyslexia: Morphological Awareness as a Core Cognitive Construct. *Journal of Educational Psychology*, *98*, 122-133.

Singson, M., Mahony, D., & Mann, V. (2000). The Relation Between Reading Ability and Morphological Skills: Evidence from Derivational Suffixes. *Reading and Writing: An Interdisciplinary Journal*, *12*, 219-252.

Snodgrass, J. G., & Vanderwart, M. (1980). A Standardized Set of 260 Pictures: Norms for Name Agreement, Image Agreement, Familiarity, and Visual Complexity. *Journal of Experimental Psychology: Human Learning & Memory*, *6*, 174-215.

Snow, C. E., Burns, S., & Griffin, P. (Eds.). (1998). *Preventing Reading Difficulties in Young Children*. Washington, DC: National Academy Press.

Stanovich, K. E. (1986). Matthew Effects in Reading: Some Consequences of Individual Differences in the Acquisition of Literacy. *Reading Research Quarterly*, *21*(4), 360-406.

Stanovich, K. E., & Siegel, L. S. (1994). Phenotypic Performance Profile of Children with Reading Disabilities: A Regression-Based Test of the Phonological-Core Variable Difference Model of Reading. *Journal of Educational Psychology*, *86*, 24-53.

Taft, M. (1985). The Decoding of Words in Lexical Access: A Review of the Morphographic Approach. In D. Besner, T. G. Waller, & G. E. MacKinnon (Eds.) *Reading Research: Advances in Theory and Practice*, *Vol. V.*, New York: Academic Press.

Taft, M. (1988). A Morphological Decomposition Model of Lexical Access. *Linguistics*, *26*, 657-667.

Taft, M. (1994). Interactive-Activation as a Framework for Understanding Morphological Processing. *Language and Cognitive Processes*, *9*, 271-294.

Taft, M. (2003). Morphological Representation as a Correlation Between Form and Meaning. In E. Assink, & D. Sandra (Eds.) *Reading Complex Words* (pp. 113-137). Amsterdam: Kluwer.

Taft, M., & Forster, K.I. (1975). Lexical Storage and Retrieval of Prefixed Words. *Journal of Verbal Learning and Verbal Behavior*, *14*, 638-647.

Taft, M., & Forster, K.I. (1976). Lexical Storage and Retrieval of Polymorphemic and Polysyllabic Words. *Journal of Verbal Learning and Verbal Behavior*, *15*, 607-620.

Taft, M., Huang, J, & Zhu, X. (1994). The Influence of Character Frequency on Word Recognition Responses in Chinese. In H.-W. Chang, J.T. Huang, C.-W. Hue, & O. Tzeng (Eds.) *Advances in the Study of Chinese Language Processing* (Vol. 1). Taipei: Department of Psychology, Taiwan University.

Taft, M., & Zhu, X. (1995). The Representation of Bound Morphemes in the Lexicon: A Chinese Study. In L. B. Feldman (Ed.), *Morphological Aspects of Language Processing* (pp. 293-316). Hillsdale, NJ: Erlbaum.

Treiman, R. & Cassar, M. (1996). Effects of Morphology on Children' s Spelling of Final Consonant Clusters. *Journal of Experimental Child Psychology*, *63*, 141-170.

167

Tunmer W. E., & Hoover, W. A. (1992). Cognitive and Linguistic Factors in Learning to Read. In P.B. Gouogh, L. C. Ehri, & R. Treiman (Eds.), *Reading Acquisition* (pp. 175-214). Hillsdale, NJ: Erlbaum.

Tyler, A., & Nagy, W. E. (1989). The Acquisition of English Derivational Morphology. *Journal of Memory and Language*, *28*, 649-667.

Wagner, R. K., & Torgesen, J. K. (1987). The Nature of Phonological Processing and Its Causal Role in the Acquisition of Reading Skills. *Psychological Bulletin*, *101*, 192-212.

Wang, M., Cheng, C. X., & Chen, S.-W. (2006). Contribution of Morphological Awareness to Chinese-English Biliteracy Acquisition. *Journal of Educational Psychology*, *98*(3), 542-553.

White, T. G., Power, M. A., & White, S. (1989). Morphological Analysis: Implications for Teaching and Understanding Vocabulary Growth. *Reading Research Quarterly*, *24*(3), 283-304.

Wolf, M., & Bowers, P. G. (1999). The Double-Deficit Hypothesis for the Developmental Dyslexias. *Journal of Educational Psychology*, *91*, 415-438.

Wysocki, K., & Jenkins, J. (1987). Deriving Word Meaning through Morphological Generalization. *Reading Research Quarterly*, *22*, 66-81.

Zhang, B., & Peng, D. (1992). Decomposed Storage in the Chinese Lexicon. In H.-C. Chen & O. J. L. Zheng (Eds.), *Language Processing in Chinese*. Amsterdam: North-Holland.

Zhou, X., & Marslen-Wilson, W. (1995). Morphological Structure in the Chinese Mental Lexicon. *Language and Cognitive Processes*, *10*, 545-600.

Zhou, X. & Marslen-Wilson, W. (2000). Lexical Representation of Compound Words: Cross-Linguistic Evidence. *Psychologia*, *43*, 47-66.

Zhou, X., Marslen-Wilson, W., Taft, M., & Shu, H. (1999). Morphology, Orthography, and Phonology in Reading Chinese. *Language and Cognitive Processes*, *14*, 525-565.

Zwitserlood, P. (1994). The Role of Semantic Transparency in the Processing and Representation of Dutch Compounds. *Language and Cognitive Processes*, *9*, 341-368.

附　录

附录1　实验一关键材料

材料一：两词素都熟悉的词

不透明词（正确）	两词素组合	第一个词素	第二个词素
衣鱼	穿衣服的鱼	衣服	一条鱼
四眼	四只眼睛	四	眼睛
天花	天上的花	天空	花
羊桃	刻有羊的桃子	羊	桃子
木鱼	刻在木板上的鱼	木板	鱼
热狗	很热的狗	热	狗
大虫（老虎）	大的虫子	很大的东西	虫子
马钱	画有马的钱	马	钱
跳马	正在跳的马	小孩儿在跳	马
天牛	天上飞的牛	天空	水牛

材料二：只有一个词素熟悉的词

不透明词（正确）	两词素组合	第一个词素	第二个词素
书目	书的眼睛	书	眼睛

（续表）

不透明词（正确）	两词素组合	第一个词素	第二个词素
棉猴	玩具猴子	棉花	猴子
犬马（官）	长得像狗的马	狗	马
佛手	佛的手	佛像	手
马甲	穿着盔甲的马	马	盔甲
水仙	水中仙女	水	仙女
大腕	巨大的手臂	大	胳膊
五官	五个官员	五	一个官吏
龙井	从井里飞出的龙	龙	井
凤梨	抱着梨的凤凰	凤凰	梨

附录2　实验二材料

材料一：改变修饰成分的假词

假词	修饰成分	中心词素	无关控制
鸡车	鸡	马车	
脚表	脚	表	
毛鞋	毛茸茸的东西	皮鞋	
轮床	车轮	床	
人根	人	树根	
蒜叶	蒜	树叶	
门筐	门	车筐	
跑机	跑	飞机	
火龙头	火	水龙头	
狗头鹰	狗	猫头鹰	

材料二：改变中心词素的假词

假词	修饰成分	中心词素	无关控制
蜜鸟	蜜蜂	鸟	
医帽	医院	帽子	
鱼棍	鱼	棍子	
刺象	刺猬	大象	
电船	电车	轮船	
袋猫	袋鼠	猫	
斑牛	斑马	牛	
梅花羊	梅花鹿	羊	
啄木虫	啄木鸟	虫子	
长颈兔	长颈鹿	兔子	

附录3　实验三材料及其评定结果

整词语义联系低词对	整词语义联系评定	整词语义联系高词对	整词语义联系评定
茶杯—奖杯	2.83	信封—信纸	4.83
地板　地球	2.25	支持—支援	6.00
木工—木偶	2.50	帮忙—帮助	6.17
耳环—花环	2.33	衣服—衣帽	5.17
包围—包装	3.17	墙角—墙壁	5.00
野兽—野菜	1.67	盼望—希望	5.67
腰果—腰带	1.58	武器—兵器	5.58
门铃—门票	1.85	牛奶—酸奶	5.08
分散—分配	3.50	皮鞋—拖鞋	4.50
天鹅—天桥	1.33	草地—草坪	6.00
皮球—皮鞋	2.92	破坏—毁坏	6.17

（续表）

整词语义联系低词对	整词语义联系评定	整词语义联系高词对	整词语义联系评定
消化—消费	2.33	商场—商店	6.08
口琴—口水	1.58	声调—音调	5.58
跳棋—跳绳	2.08	树枝—树叶	5.50
方向—方圆	2.25	窗台—窗帘	4.50
操场—市场	1.83	茶壶—茶杯	4.92
魔术—美术	2.00	球拍—球赛	3.92
体温—体育	1.83	马鞭—马车	4.67
指定—约定	3.92	问题—问号	4.92
凉席—凉鞋	3.25	毛裤—毛线	4.42

附录4　实验四材料

整词语义联系高		整词语义联系低	
自由词素	黏着词素	自由词素	黏着词素
马路—走路	卧室—教室	毛笔—毛裤	干杯—茶杯
电视—电影	蜡笔—蜡烛	长城—长颈鹿	袋鼠—口袋
象棋—跳棋	按摩—按钮	动物—动画片	耳机—飞机
沙漠—沙袋	花瓶—酒瓶	跳高—高楼	水珠—珍珠
毛线—棉线	跳舞—舞台	大风—风扇	花瓣——瓣橘子

附录5　实验五材料

自由词素		黏着词素	
语义联系高	语义联系低	语义联系高	语义联系低
月饼—油饼	电话—笑话	毛巾—围巾	任务—特务

自由词素		黏着词素	
语义联系高	语义联系低	语义联系高	语义联系低
复杂－杂乱	门牌－名牌	胜利－顺利	鞭炮－教鞭
炉灰－烟灰	山顶－秃顶	基础－基本	电器－武器
山洞－窑洞	鸟窝－被窝	姿势－手势	科技－杂技
纪念碑－墓碑	袋鼠－热水袋	成绩－功绩	台阶－阶段
奖品－奖状	皮带－海带	硬币－纸币	茶杯－奖杯
象棋－跳棋	手表－水表	莲花－莲子	摇篮－花篮
小偷－惯偷	气味－滋味	厨房－厨师	牙齿－齿轮
香肠－腊肠	手套－被套	猎狗－猎枪	目标－路标
癌症－胃癌	旅店－商店	棉鞋－棉衣	领带－领巾

附录6　实验六材料

词素先获得		词素后获得	
语义联系高	语义联系低	语义联系高	语义联系低
冲洗　冲刷	交钱－零钱	多余－剩余	塑料－饮料
谋杀－暗杀	磨损－磨牙	毒蛇－毒药	演员－伤员
奖杯－奖状	防伪－防止	被单－床单	耳环－花环
假货－真货	零食－零钱	攻打－攻击	斑点－斑马
啤酒－白酒	缺德－缺少	商业－商场	翻车－翻身
留念－留影	腊肠－灌肠	标记－标志	固定－立定
米饭－炒饭	干杯－茶杯	纪念碑－墓碑	早餐－快餐
矮子－矮小	滋味－气味	犯法－犯规	计算－计较
肥胖－减肥	减号－减轻	并排－并列	负担－负责
葱头－葱花	鸟窝－被窝	被罩－床罩	手套－被套

附录 7　实验七材料

幼儿园词汇量

魔术师	海豚	摇椅
修理	撕	包装
钟	锁	栅栏
热	穷	累
一起	拥抱	谈话
危险	生气	秋千
服装	皮带	连衣裙
领带	骆驼	文具
货车	摩托车	缆车
清洁工	厨师	音乐家
打扫	称体重	散步
凉快	死	勤劳
帆船	风车	插头
野外	宠物	熨斗
读书	写字	跳舞
追	喊	拔河
送	擦	系鞋带
热闹	伤心	愉快
邻居	哨子	皮箱
守规矩	浇花	翻跟斗

附录 8　实验八材料

（一）学前儿童听觉理解测验

序号	项目
1	他们两个人在玩球。
2	他在吃饭。
3	她在用杯子喝茶。
4	小女孩儿在看书。
5	他妈妈让他起床。
6	这是三个苹果。
7	奶奶躺在床上。
8	这是裤子、鞋子和帽子。
9	两个女孩儿拉着一个娃娃。
10	两个孩子去上学。
11	那个人坐着晒太阳。
12	她在织毛衣。
13	他们三个人在看电视。
14	小猫把杯子从桌子上推到地上。
15	丁丁把锤子递给爸爸。
16	熊妈妈在保护小熊。
17	一座房子比另一座房子大得多。
18	他打开窗子叫跳绳的孩子们。
19	他一边喝茶，一边打电话。
20	她很难过，壶打碎了。
21	他听到门铃响了就去开门。
22	两个女孩儿拉着手跑过马路。
23	他们两个很像。

序号	项目
24	消防队员要去救火。
25	房子旁边有一棵树，前边停着一辆车。
26	小芳在吹肥皂泡，小亮在钓鱼。
27	狗去追猫，英英叫它回来。
28	不管妈妈怎么说，她还是不想喝汤。
29	火车出站了，爸爸妈妈向把头探出窗外的儿子挥手。
30	两位先生走在街上，一个雪球从后面飞过来。

（二）上学后儿童阅读理解测验

序号	项目
1	这个男孩儿在骑自行车。
2	奶奶躺在床上。
3	这是裤子、鞋子和帽子。
4	小猫把杯子从桌子上推到地上。
5	那个人坐着晒太阳。
6	两个女孩儿坐在湖边喂鸭子。
7	他们在木厂工作。
8	他刚刚游完泳，正在穿衣服。
9	女孩子跑到街上的时候，汽车紧急刹车。
10	小红和小兰不能一次搬动两个箱子。
11	男孩子溜冰的时候摔伤了腿。
12	他穿着靴子站在海边钓鱼。
13	房子旁边有一棵树，前边停着一辆车。
14	小李缝衣服的时候，妈妈送茶来。

序号	项目
15	妈妈在做衣服，爸爸在看报纸。
16	旅游回来他们很快就睡着了，因为他们累坏了。
17	他没赶上火车。
18	他坐在沙发上，抽着烟斗看着两个难过的女孩儿。
19	孩子们一看见男主人，就连忙从树上爬下来。
20	鸟窝里原来有三只小鸟，现在都被猫吃了。
21	火车出站了，爸爸妈妈向把头探出窗外的儿子挥手。
22	不管妈妈怎么说，他还是不想喝汤。
23	爸爸把纸箱放在桌子上，孩子们都站在桌旁，爸爸打开纸箱的时候，我与穿着新衣服的双胞胎妹妹都盯着看。
24	两位先生走在白雪覆盖的街上，一个雪球从后面飞过来。
25	他们连喊带跑地出来追那条狗，狗让后面的喊叫声吓坏了，拼命地跑。
26	他的右腿扭伤了，尽管拿着两个书包的朋友扶着他，他还是走得很慢。
27	"我们该收拾玩具了吧？"小王对他的妹妹和过来玩儿的小朋友说。
28	小时候他学过钢琴，现在他只拉小提琴。
29	在海边，小王在扔石头，他姐姐捡贝壳放在袋子里。
30	我们坐着的爸爸开的车停在一幢三层楼的房子前，路旁有许多树。

后　记

论文修改完成，往事却历历在目。一路走来，太多的人要感谢，太多的事值得追忆。

首先感谢恩师舒老师。第一次见舒老师是刚读研的时候去北京师范大学听舒老师的一个讲座，讲什么内容并没太深的印象，因为当时的我还是一个心理语言学的外行。但是不知道是舒老师质朴谦虚的人格魅力吸引了我还是那些整齐漂亮的数据图表吸引了我，从此以后我便深深喜欢上了这个专业，开始自学，准备报考舒老师的博士，终于如愿以偿。三年来，我每一步的成长都伴随着舒老师的心血，对于一个跨专业的学生，舒老师对我照顾有加，从文献的阅读到后来的实验设计，舒老师总是耐心地引导着我，热情地鼓励着我。甚至一个细小的问题舒老师也总是与我反复讨论，每一次的讨论都让我茅塞顿开。同时舒老师对科学研究的执着追求和忘我精神更是令人钦佩，时常激励着我。唯有在以后的工作中加倍努力才能不辜负恩师的辛勤培养与殷殷厚望！

其次要感谢将我领进心理学领域的邢红兵教授。北京语言大学的学生跟北京师范大学心理学的联系是从邢老师开始的。在我读研究生的时候，邢老师带领我们去听了舒老师的讲座，从此以后我就跟心理语言学结下了不解之缘。在北京语言大学工作以来，跟邢老师有了更多学术上的接触，一次次的学术讨论让我开阔了视野，督促我在学术的路上不断前行。

衷心感谢北京语言大学对外汉语研究中心的张博教授。张老师不但为我提供了很好的科研环境，而且还不断鼓励我、引领我，使我能在汉研工作期间潜心自己的研究，本书的修改工作大部分是我在汉研中心工作期间完成的。还要感谢王建勤教授和江新教授，两位老师不仅是我在研究生期间的良师，更是我在第二语言习得专业领域中的益友。与你们的每一次交流都让我获益匪浅！也要感谢汉研中心的其他老师。汉研中心是一个藏龙卧虎之地，每位老师都是专业领域的佼佼者，曾经有幸近距离欣赏各位教授的风采，聆听他们的教诲，是我之福也！

还要感谢总参幼儿园、志强园幼儿园以及椿树馆小学的各位老师以及积极参加实验的小朋友们，没有你们的积极配合，本书的实验难以顺利完成。在此，对你们表示深深的感谢。

非常感谢我的母校北京语言大学。她不仅鼓励年轻老师做科研，更为年轻老师提供良好的科研环境。非常感谢北京语言大学科研处为本书出版提供资助，也感谢兢兢业业为老师们的科研做了很多幕后工作的科研处的老师们。

感谢北京语言大学出版社承担本书的出版工作。感谢北京语言大学出版社的张健老师、唐琪佳老师关心关注这本书的出版，感谢本书的责任编辑陈静老师认真细致地对书稿进行一遍又一遍加工和审校，任何细小的问题，都逃不过陈老师的火眼金睛。没有陈静老师的精心尽心审校，本书定会有很多疏漏之处，在此对陈静老师致以深深的感谢。

由于本人研究水平有限，书中一定存在不少不足之处，敬请读者批评指正。

郝美玲

2015 年 3 月于北京